尤利西斯·格兰特传

〔美国〕迈克尔·柯达　著
李曦华　译

Ulysses S. Grant: The Unlikely Hero

Michael Korda

译林出版社

图书在版编目（CIP）数据

尤利西斯·格兰特传 /（美）柯达（Korda,M）著；李曦华译. — 南京：译林出版社，2016.6
（星汉传记）
书名原文：Ulysses S. Grant:The Unlikely Hero
ISBN 978-7-5447-6336-3

Ⅰ.①尤… Ⅱ.①柯… ②李… Ⅲ.①格兰特，U.S.（1822～1885）－传记 Ⅳ.①K837.127=43

中国版本图书馆CIP数据核字（2016）第088139号

著作权合同登记号 图字：10-2013-101号

书　　名	尤利西斯·格兰特传
作　　者	〔美国〕迈克尔·柯达
译　　者	李曦华
责任编辑	韩继坤
特约编辑	苑浩泰
出版发行	凤凰出版传媒股份有限公司 译林出版社
出版社地址	南京市湖南路1号A楼，邮编：210009
电子信箱	yilin@yilin.com
出版社网址	http://www.yilin.com
印　　刷	三河市祥达印刷包装有限公司
开　　本	640×960毫米　1/16
印　　张	12.75
字　　数	122千字
版　　次	2016年6月第1版　2017年11月第2次印刷
书　　号	ISBN 978-7-5447-6336-3
定　　价	36.00元

译林版图书若有印装错误可向承印厂调换

致玛格丽特，献上我对你的爱——

致克里斯多夫·洛德、罗杰·库珀和罗素·泰勒，

纪念匈牙利十月事件。

老年人记性不好：可是他即使忘去了一切，

也会分外清楚地记得，

在那一天里他干下的英雄事迹。

——《亨利五世》，第三场第四幕

一

我不怎么读名人生平，因为传记作家对名人一生中的发轫期大多缺乏到位的描述。我想知道的是，他们在孩童时期都做了些什么。

——尤利西斯·S. 格兰特

目　录

第一章

2003年的夏天，在尤利西斯·S. 格兰特倾其一生使之重新团结起来的国度里，关于他的新闻再次铺满每一个角落。格兰特的一些子孙、大部分较为严肃的媒体还有格兰特纪念馆协会的人，全都极力反对流行歌星碧昂斯·诺斯将位于纽约河边公园的格兰特墓当做其7月4日全国转播的演唱会的背景。碧昂斯的表演素来簇拥有“一大群几近赤裸的舞者”，她的这一场演出也将会是喧嚣且情欲满满的。[1]

可是，碧昂斯本人和她的粉丝们几乎都不知道格兰特究竟何许人，也不明白人们为何对像在格兰特墓前穿着性感地高歌辣舞，有喧闹的人群观看这样的“小题”如此“大作”。而《纽约时报》曾指出格兰特墓一度是比自由女神像更受游人关注的旅游景点。格兰特家族中的几个成员这些年一直坚持要把格兰特将军以及夫人朱莉娅的遗骸从墓园里迁走，理由是这里年久失修，已经失去了往日的威严。事实上，除了他们之外，公众为此事表现出来的愤慨非常有限。《时报》甚至感到有很大必要对这位总统发出点蔑视意味的评论："他已经不再是曾经那位声名响亮的人物了。"而格兰特 58 岁的曾孙查普曼 · 福斯特 · 格兰特对碧昂斯的演唱会却有另一番见解，他评论道："天知道呢，要是老头子还在世的话，他或许也会喜欢。"

就我们知晓的格兰特夫妇关系情况来说，一如他尊崇的林肯总统，格兰特同样深爱着自己的妻子，这是无人不知无人不晓的，尽管朱莉娅认为自己和自己家族的社会地位远高于格兰特，且她的这一想法从不羞于为外人所知。格兰特夫人与林肯夫人一样，她的个人魅力（若曾经有过的话）其他人都看不出在哪里，但她那忠实的丈夫格兰特却对其心心念念，所以格兰特自己也不太可能去欣赏碧昂斯在他墓前的演出。而且在众人眼中，在漂亮、穿着性感甚至裸体的女孩这一点上，朱莉娅对丈夫的管束可是十分严格的。

格兰特本人一直有酗酒的毛病，而多数美国人还能铭记至今的，可能也就剩下他的酒鬼形象了。印在 50 美元纸币上的格兰特头像亦是一副忧郁、无精打采、稍露内疚神情的模样，像足了一名阴沉的宿醉者。不过，他一生中却未发生过任何性丑闻。这让人想起诗人拜伦嘲讽乔治三世的名句：

> 他拥有着最不常见的家庭美德，
> 那就是坚贞不移地忠于一个糟糕而丑陋的妇人。

格兰特不仅家庭生活无可指摘，还非常不喜欢让自己变得惹眼。他说话轻柔，不爱言语，惯于沉默，易受伤害，容易感到局促不安，可说是最不像战争英雄的战争英雄。在弗雷德里克斯堡战役中被李将军彻底击败的安布罗斯·伯恩赛德将军，留着一副浓密而神气活现的连鬓胡子，其个人魅力使得这一造型为人们所熟知，他的名字（Burnside）也就因此成了英文中连鬓胡子（sideburns）的由来。但是并没有以格兰特的名字命名的任何东西，就连不幸的约瑟夫·胡克（Hooker）将军（伯恩赛德的接任者，在钱斯勒斯维尔战役中被李将军打败）的名字也被当成了妓女的标签——据说妓女们曾将他的司令部团团围住。所以，直至今日，妓女依然被人们称为hooker，而很多人压根就没有听说过胡克将军本人。格兰特矢志成为最普通、最低调的人，从很大程度上讲，他成功地做到了这一点。

就将军本人而言，碧昂斯是黑人，而且她的演唱会吸引了数千名观众前来欣赏，这一事实带给他的震惊可能远低于《纽约时报》所报道的她那几近裸露的穿着或是情欲满满的舞蹈。或许，除了林肯以外，格兰特为摧毁美国南部的奴隶制所做的努力比任何人都多，但他与林肯总统一样，对黑奴的看法受到了自身种族及时代的影响。不过，他的行事方法全都印刻着与生俱来的良好风度、谦恭态度以及强大的忍耐力。在那个年代里，很少有将军会在自己的部属中任用美洲土著军官，而格兰特却反其道而行，这也是典型的格兰特做法。而且身为总统的他还谴责政府官员们剥削印第安人的行为。在他看来，卡斯特将军在小比格霍恩河战役中的遭遇也似乎是罪有应得。

即便格兰特在白宫及卸任之后也犯下了不少政治、金融决策错误，但不管从私人角度或是基于工作角度，他对卡斯特的评价素来很低。众所周知，他对民众的看法也过于乐观。可他对将才的判断一直极其客观且精准。许多事情格兰特都无法给予定论，但他有着惊人的识人能力，总是可以一眼看出空有其表、无能、鲁莽的将军。所以，当听到卡斯特败给北美印第安人部落首领“坐着的公牛”和“疯马”之手的消息时，格兰特丝毫不感到惊奇、震惊，与其他美国人的反应截然相反。

对于家族成员一直试图将格兰特夫妇的遗骨从破败的墓中迁至其他地方的长期“奋战”，格兰特会持有什么样的看法，这一点很难揣摩。这场“作战”没有成功的原因之一是，如果将格兰特夫妇的遗骨从在纽约的墓中迁出，人们不知道还有哪里可以作为他们的安息地。由于那次惨痛的判断失误几乎将离开战场后的格兰特打垮，他和夫人选择了纽约作为安息地。而这有一部分原因是他们不喜欢华盛顿。在格兰特两届总统任期内，他并没有对华盛顿做出什么贡献，到头来，他们对华盛顿也没有什么感情。伊利诺伊州的加利纳却似乎太过于偏远荒僻，不能作为埋葬这位伟人的地点，而且它给格兰特留下的快乐回忆甚至比华盛顿还少。

1854 年，格兰特结束了自己那伴随着质疑声音的上尉生涯，居住在加利纳。他的酗酒习惯已然传为了城里的热议话题，所以他只能屈就在父亲的制革厂，当一名办事员，这让他感到非常丢脸。所以，加利纳也不会自荐成为格兰特这位继华盛顿总统之后最受尊敬的美国将军，甚至可能是 19 世纪最伟大的美国人的最后安息地。

虽然格兰特在西点军校里度过了一段痛苦的时光——他起初也从不想踏足这里，不过他仍试图将之选作自己的安息地。但当意识到他的夫人无法与他一起长眠于此时，他便毫无疑问地放弃了这一想法。每逢与妻子分开，不管时间长短，他都没有开心过，这也是他偶尔纵饮的原因。所以，他肯定不会葬在妻子无法陪伴在侧的地方。

在面对别人提供的理财计划时，格兰特一直是一个极易上当的傻子。所以他轻易相信了所谓的“纽约上西区的优点”，这实在没有什么好惊奇的。19 世纪末，上西区被吹捧为未来的城中上流社区。房地产发展商指出这里可以俯瞰哈德逊河，足够成为纽约城中富贵荣耀的居住地。事实上，在一段时期里，这一说法也似乎是正确的，当时的上西区可与巴黎十六区平起平坐，甚至还有额外的优势，那就是绝佳的河景视野。在滨河路与西122街交口处的滨河公园，可以俯瞰哈德逊河，这里似乎就是建造一座可与拿破仑墓相提并论的陵墓的理想地点。直到今天，它依然是西方第二大陵墓（第一大墓地为加菲尔德总统[①]之墓，奇怪的是，加菲尔德总统的名气却远远小于格兰特）[②]。

建造“格兰特将军国家纪念馆”[II]（格兰特墓的官方名称）所需资金募集自9万多名感恩的同胞，资金总数达到60万美元。在那个时代，这是为公共纪念堂筹款总额最高的一次。逾百万民众一道目送总统遗体运送至此，人群排起了超过七英里的长队，其中显贵名流占了6万人，包括格罗夫·克利夫兰总统、两位卸任总统、美国高等法院的法官们以及无数将领（其中包括联邦军将军约瑟夫·E. 约翰斯顿和西蒙·玻利瓦尔）。毫无疑问的是，这里绝没有“情欲舞蹈”上演。

我们可以原谅格兰特家族无法预见上西城不能兑现其承诺，毕竟精明的小约翰·D. 洛克菲勒也犯了同样的错误——他在那里建造了河滨教堂，而威廉·鲁道夫·赫斯特也一样兴建了无数可俯瞰哈德逊河景的顶层公寓。但是一个具有讽刺意味的事实却摆在那里，倘若不是格兰特家

---

① 加菲尔德总统，即詹姆斯·艾伯拉姆·加菲尔德（James Abram Garfield，1831—1881），美国第20任总统（1881年3月—1881年9月）。

② 原文注：格兰特极少说别人坏话，却把加菲尔德评价为“一个和蚯蚓一样没有脊梁的人”。

族固执己见，格兰特之墓本可以建在华盛顿特区，与华盛顿、杰斐逊以及林肯三位总统之墓相邻。

格兰特纪念馆地处高位，本身又十分高大，再加上规则有序的多利安圆柱，本可以获得美国国家公园管理局的细心维护，使之崭新如初、熠熠生辉，就算在今天也应该有许多小学生和游客愿意排队等候参观。但是事实是，它紧邻西城高速公路，不协调地被一段亮红色的蜿蜒的墙壁围住——这是一个可怕的“社区项目”。而且纪念馆正位于一片以毒品交易、黑帮冲突、紧张的种族局势和抢劫出名的区域中央，许多纽约人总是极力躲开这一路段。

纪念馆与其他类型的房地产一样，区位就是一切，可格兰特家族在房地产上所做的选择一如理财事务之不幸。在最近一次清理与修缮工作(其费用将近200万美元)之后，格兰特墓至少摆脱了污垢以及将它当成落脚点和厕所的流浪汉们。虽说明显的建筑上的问题已经得到了解决，但它还是又旧又破。格兰特作为同时代中最受尊敬的美国人中的一位，同时也是全美最善于倾全国之力于战场上的军事指挥官，其纪念馆的现状实在有违常理。

关于自己的纪念馆，格兰特提出的系列想法全都令人惊讶，特别是他一向为人谦逊、不修边幅、谦和、易受骗——现代传记作者热衷于将他和李将军在阿波马托克斯县会面的形象放在一起对比：李将军身着制服，佩戴肩带，佩剑华丽；而格兰特身穿“列兵制服”，衣服皱起且沾有污泥，并未携带佩剑，肩章上的三颗星是唯一能将他与普通士兵区分开来的特征。但与格兰特的其他许多方面一样，这也是一个被人误解的形象。他当年的照片清晰地展示出一点：他并不是一位“衣着讲究”的将军，但他也甚少穿列兵制服。他似乎偏好深蓝色西装搭配长外套和马甲，佩戴美军镀金圆形徽章和常规肩章——实际上，这样的制服与李将军在非正式场合穿的并无不同，只不过李将军的那套是灰色的。当然，格兰特并不经常带着佩剑，李将军也一样，他在阿波马托克斯县时身带佩剑只不过是认为自己有义务将佩剑交予格兰特，以作为投降的象征。

事实上，这只是人们对格兰特那公认复杂，甚至可以说神秘的性格的众多误解之一。关于李将军，诚如大家所见，他是一名骄傲的、有教养的军官，一名剑客，一名天生能令人顺从的指挥官。至于格兰特，你所见的不过是他希望你了解的——一个简单、普通的男人，从不故作文雅，亦不自负于自身军事魅力。而事实上是，格兰特从不将自己视作一个“简单”或“普通”的男人，对于自己的军衔、社会地位以及指挥天赋，他总是有着强烈的认知。格兰特爱戴宽边软帽，雪茄不离手，靴子常沾满污泥。他并不是在装腔作势，就如艾克[①]不喜在制服外套佩戴绶带，蒙蒂[②]

---

① 艾克，即德怀特·戴维·艾森豪威尔（Dwight David Eisenhower, 1890—1969），美国陆军五星上将，第34任总统（1953—1961）。曾担任盟军在欧洲的最高指挥官，军中士兵都称呼他为艾克。

② 蒙蒂，即伯纳德·劳·蒙哥马利（Bernard Law Montgomery, 1887—1976），英国陆军元帅，二战时最杰出的指挥官之一。

虽贵为陆军元帅，却偏好贝雷帽，喜欢以宽松的灯芯绒裤搭配毛衣一样，只是单纯地对军装细节不感兴趣，但对打仗——打胜仗——有浓厚的兴趣，同时却又对炫耀战争兴致寥寥。于他而言，这样做既耗时又费力。

格兰特饱受与战争最无关的病痛——偏头痛的折磨，这件事一点不难想象。他挂心每一处细节，在他将军任期内，没有什么是草率决定的，每一件事都经过精心计划，每一次的提议也都是为了赢取胜利。与威灵顿公爵一样，格兰特并不会与部属分享计划内容，甚至还对总统保密；他专注于计划，在脑海中模拟执行，关心供应与后勤的细枝末节，然后静待时机付诸实施，而这期间他并不会为人所催促或是被施加压力。至于他朴素的制服穿着风格，我们应该记得，即使曾无数次穿上整套英国陆军元帅制服、别上所有的勋章和奖章、为自己留下画像，身为贵族的威灵顿公爵，在滑铁卢之役时，也只是头戴黑色三角帽，身着朴素的深色大衣，并没有别上金饰带或奖章。由此可见，格兰特绝不是史上唯一的认为思想重于外在的将军。

与此同时，格兰特所有品性中最显而易见的一点或许是敏感，这或许与虚荣或自尊有关，但更与他在孩童时期被人低估以及日后常被自觉比其优秀的人看轻的经历所带来的恐惧感有很大关系。

格兰特邋遢，表面上看起来性格很好，但如果真的有人蔑视他的话，他绝不会轻易原谅。在西点军校的时候，他和温菲尔德·斯科特·汉考克（后来的联邦军将军，在葛底斯堡战役的第三天，他据守墓园山脊，抵挡皮克特的攻击）是室友，在墨西哥战役中，两人作为青年军官也曾并肩抗战。1866 年，格兰特称汉考克没有向他正确致礼，他将此当作“侮辱”。之后，他对汉考克一直抱有严厉且吹毛求疵的态度，直至临终忏悔时，他才坦承，后悔伤害了汉考克。

汉考克长相帅气，社交能力出众，是一名非常杰出的士兵，身家富有，也是著名的“女士杀手”。这其中有些事情，也许是全部事情，影响了格兰特对汉考克的感情。事实上，格兰特很少公开表示厌恶他人，但汉考克正是他厌恶的对象之一，其余几个人是邦联前任总统杰斐逊·戴维斯以及卡斯特。格兰特总是将不满藏在心里，格兰特夫人却不是这样的人。[III]

在战争中，对于那些企图对他施压的人，格兰特总可以快速反应，他做事胸有成竹且态度冷酷，必要时还会残忍相待。1862 年 2 月，西点军校昔日同窗西蒙·玻利瓦尔·巴克纳被格兰特军围困于唐纳尔逊堡，他向格兰特摇起休战旗，礼貌地请求带条件投降，并附上简要声明告示众人（这其中包括林肯总统）：毕竟这里有一位不喜矫饰言辞，也无惧伤员压力，可与敌军交火的邦联军将军。“除了无条件投降，不接受其他任何条件。”格兰特粗暴地回信予巴克纳，“否则我将立刻进攻你方。”

巴克纳在此后虽对这些“刻薄的、无侠义心肠的”条件表示抗议，但还是立即带着 1.5 万名邦联军以及 40 门加农炮向格兰特投降。在 9 个月的战争中，这是第一场真正的联邦胜利，它引起了全美公众的注意。因为“无条件投降（Unconditional Surrender）”与格兰特的名字（Ulysses Simpson）正好首字母一致，所以，在一段时间里，格兰特一直被媒体称为“无条件投降格兰特”。

如果巴克纳认为格兰特会秉持骑士精神，认为他们昔日的同窗情谊或是他曾借钱予格兰特的事情可以软化他的态度的话，那他就是严重地错估了自己的对手。格兰特是公平的——他可以大方原谅李将军在阿波马托克斯县的失误，可是巴克纳应该知道，在格兰特对“战争”一词的认知中，骑士精神不起任何作用。对格兰特这位最不浪漫的将军而言，赢得一场战争的最快途径——事实上也是唯一途径——便是去战斗，拿下对手。人们大都忽视的一点是，为了赢得唐纳尔逊堡大战，相较于对手邦联军2 000的伤亡数，格兰特的伤亡人数接近3 000。但他无惧伤亡，也毫不动摇战斗决心——不管是在彼时，还是日后的战役中。

*　　*　　*

格兰特讨厌战争，对战争不抱任何幻想，也厌恶一切试图以骑士精神或威武的军装来掩饰其本身残酷性的行为。战争是杀戮，在任一方获得胜利之前，战场上发生的是一场彻底的杀戮，比作战双方所能想象的要残酷得多。这一点格兰特在战争伊始就意识到了，而其他联邦将领几乎都不愿意去面对这一事实。

格兰特的战争经验从何而来？是什么令这个谦逊、看似安静、衣着邋遢、有过一段长时间个人失败和失落经历的男子几乎在一夜之间变成不可战胜的指挥官？这是他身上的众多谜团之一。它曾使众多将军感到疑惑，也将继续成为谜团。

在当上将军之前，他的一切努力几乎都以失败告终，当上将军之后却骤然成功且全身充满着确定无疑的自信，并不为谣言、屠杀或战场骚乱所动。世人，尤其是他昔日战场上的同伴（包括对手），更不必提伊利诺伊州加利纳的老乡们，全都好奇这个“新”格兰特究竟从何而来。事实上，这个“新”格兰特还是那个“旧”格兰特。

你只需认真去观察就可发现这其中的联系，而大部分人并没有花这个心思。

第二章

格兰特的优点——矜持、坚定、勇于面对逆境，在那个害羞、笨拙、孤独的小格兰特身上就完全表现了出来——小格兰特似乎无法取悦他的父亲，而他的母亲从其出生之日起便一直对他漠不关心。

格兰特的父亲杰西·格兰特总是忙忙碌碌、野心勃勃、不可一世，他在俄亥俄河边的一个小镇上开了一家制革厂。1822 年，婴儿死亡率居高不下的事实肯定曾让许多女性觉得对孩子太过疼爱是在冒险——可汉娜·格兰特对自己唯一的儿子显而易见的漠视还是让人无法理解，这一点同样困扰着格兰特。即便是将生活在边境或是边境附近的人们至今仍对婴孩不太在乎的事实考虑在内——多为自我情感保护机制影响的结果——汉娜对自己孩子的漠视依然难以解释，且她的糟糕态度随着这个男孩的成长而变本加厉。

汉娜花了六个星期来给自己的长子取名，这事绝非平常，她似乎将自己的期许寄托于格兰特的名字“尤利西斯”[①]上了。名字是浪漫的，但事实证明，它和格兰特本人并不契合。成年后的格兰特并不像荷马诗歌中那狡猾的狐狸——智取许多勇士，其狡诈性格可谓传奇。驼背公爵格洛斯特在登上王位之前，以“做到和尤利西斯一样狡诈地去欺骗”（莎士比亚语）来鼓励自己。但是狡诈骗人之术从不是格兰特所擅长的，他诚实坦率，不懂撒谎。马克·吐温曾写道：“他天真得像婴儿。”

似乎没人可以理解为什么汉娜，这个对卫理公会有着坚定信仰的女子，会被一个出自神话的名字吸引。格兰特的名字“尤利西斯”的由来有着这样一段故事：当时格兰特家族在孩子的取名上无法取得一致，于是他们找来亲友一起围坐于桌前，让每一个人都在小纸条上写下一个名字，而后折叠放入碗中，最后格兰特夫人（或许是其母亲）所写下的“尤利西斯”被抽选了出来。这事似乎不太可能发生——对于汉娜而言，这像极了赌博，而卫理公会却如反对酗酒般反对赌博。不过，不管出于什么缘由，汉娜还是等了六周才选定了孩子的名字，一个非常古怪的名字。格

① 尤利西斯，即希腊神话中的奥德修斯，是特洛伊战争中的智多星。荷马史诗《奥德赛》记录了其在特洛伊战争结束后的冒险经历。

兰特的父亲在“尤利西斯”前加上了“海勒姆”，可母亲却一直固执地称他为“尤利西斯”或是“利斯”。不管对这一名字抱有什么想法，父亲最终还是渐渐习以为常。

在那时，取个经典的名字在一时之间成为流行品味。大体上，就和我们今天像塔拉、斑比、蒂凡尼这样的名字比伊丽莎白、苏珊或安流行一样。美国新教徒们在远离了新英格兰的清教徒心脏地带之后，便开始排斥那些基于《新约》和《旧约》而起的名字（前者的代表为约翰、马修、马可等，后者为艾萨克、亚伯拉罕、伊斯雷尔、诺亚等），转而偏好于一些更为“经典”且宗教气息偏淡的名字，比如“尤利西斯”。不管“尤利西斯”这一名字是由汉娜所起，还是汉娜的母亲所起，它都具有经典以及异教的性质，若退回到150年前的马萨诸塞州，科顿·马瑟[①]绝不会容许给婴儿起这样的名字。

19世纪时，总统竞选者们总喜欢吹嘘自己“出生在小木屋”，当然于有些人来说这是事实，而格兰特却并非如此。他出生于俄亥俄州的波音特普莱森特一处位置良好的可见俄亥俄河河景的农庄里，而非树林里的小木屋。杰西·格兰特曾犯下不少过失——在儿子成为杰出的伟人之后，这些过失中有很多还困扰着尤利西斯——但以当时的标准来说，他是一名优秀的供应商、一名技巧纯熟的工匠，而不是野蛮的拓荒者，并决定尽可能快地往社会高处走。格兰

① 科顿·马瑟（Cotten Mather，1663—1728），著名清教徒卫道士。

特家族在美国的历史可以回溯至（他们确实也曾寻根溯源过）1630 年——马修和普里西拉由英国乘坐“玛丽与约翰号”来到这里。家族声称诺亚·格兰特，也就是杰西的父亲，曾经作为民兵自卫队的队长在莱克星顿[①]和康科德战斗过，但这一点似乎找不到论据支撑，所以是值得怀疑的。

虽然格兰特家族并不是随“五月花号”[②]来到美国，但他们依然是来得很早的一批人，这一点让整个家族都对自己的根源保持着强烈的自豪感，是一件重要的值得铭记于心的事实。在这个新世界里，格兰特家族并没有变得富甲一方，他们一代又一代不停地朝西边迁徙，前往不知“拥有地产的绅士阶层”为何物的地方寻觅财富；不过，他们的家族自豪感却与弗吉尼亚州的李姓家族一般强烈。现代传记作者和历史学家都喜欢将“出生于边境”、衣衫褴褛的格兰特与弗吉尼亚州的贵族李将军放在一起对比，但他们全都忽略了一个事实，格兰特觉得自己与李将军的社会地位是完全平等的：杰西 · 格兰特的孩子绝不会作他想。

格兰特并不是势利小人（虽然他在后期喜欢听到群众喝彩，也喜欢许多人陪同），但他绝不会屈尊去扮演乡巴佬的角色（林肯总统在这一点上做得非常成功）。他虽不太喜欢西点军校，可他也绝不会忘记自己曾经在那里待过，曾暗地里坚定地期许自己能被别人视作军官、绅士。人们或

---

① 莱克星顿，美国独立战争中第一次军事冲突发生地。

② 五月花号，1620 年从英国前往美国的第一艘移民船。

许认为格兰特是一个表现优秀的普通人——大器晚成——而且完成了几乎不可能完成的事业。很多当时的作家也确实在他的职业生涯中看到了这种“普通人”的胜利，还将这作为他能连任两届总统并受到人们格外尊敬的解释。不过根本没有迹象表明格兰特曾自认普通，或是其家族曾自视普通。

格兰特家族未必认为自己比其他人优秀，但肯定觉得自己与其他人不分上下，这是典型的美国态度。俗话说，人得靠自己，杰西·格兰特凭自己的能力成为了一个皮革业的小企业家，在尤利西斯一岁的时候，杰西便举家搬至邻郡的乔治敦，那里虽不是什么大城市，但为他提供了更好的做生意的机会。

格兰特的自传有一千两百多页，但描述童年的部分仅占了七页，而其中几乎都没提到汉娜，找不到一丝有关汉娜对他或是他对汉娜情感的线索。她是如此的沉默寡言，以致格兰特的传记作家不禁猜测汉娜或许有些反应迟钝，但这不太可能是真的，像杰西·格兰特这样一个健谈、野心勃勃的大忙人，难以想象他会娶回一个弱智的老婆，而且从汉娜在某些场合被记录下来的讲话看来，她的语句非常清晰、精简且到位。

对那些熟悉“中西部人”（今被称为“中西部人”，但在19世纪早期，当俄亥俄州与伊利诺伊州几乎就是边境的时候，他们被称为“西部人”）的人来说，汉娜沉默寡言，拥有强烈的宗教信仰，不愿坦露自己的感受，也不与陌生人讲话的行为看起来实属平常，并没有什么好奇怪的。直至今天，那一区域仍有不少女性不愿坦露自己的情感，不愿对自己的孩子表现出过度的热情，也不愿意滔滔不绝地谈论他们。这样的例子有很多——战争过后，格兰特回家看望母亲，她也只不过说了句“尤利西斯，你现在已经成为了一名伟大的人物了”，而后便接着忙家务活。艾克以及哈利·杜鲁门也有类似的故事流传。但这并不一定就意味着她不为儿子的成功感到高兴。或许，汉娜最为担忧的是儿子是否会因为成了凯旋的美国将军而自大起来，可是她并不需要担忧，他大概是世上最不会为胜利冲昏头脑的人了。或许，格兰特的童年就是为了预防“大头症”而设计的吧。

* * *

对格兰特童年经历的描述，有点类似《哈克贝利·费恩历险记》里的情节，但这部分原因是格兰特并未加以详述，传记作家们只能对大部分内容进行虚构，一如帕森·威姆斯将乔治·华盛顿的童年经历编成具有启发性意义的故事的做法。尤利西斯与弟弟妹妹（两个弟弟，三个妹妹）之间并没有发生过什么不快，也没有证据显示他过得很不开心——虽然，在那个时期，人们并不认为孩子们是开心的，生活也非为了给孩子们制造快乐而存在的。关于格兰特，有这么一则十分有名的小故事：当他还是个婴儿的时候，有一次自己爬到了街上，并停在了拴马的地方，且刚好在马蹄之间。邻居们见状惊慌不已，跑着去告知格兰特夫人她儿子的危险处境。但令人意外的是，格兰特夫人并没有冲出去救自己的孩子，而是以宿命论假设尤利西斯有办法令自己身陷险境，就有办法令自己从危险中脱逃出来。或许这是因为汉娜·格兰特早就看出了格兰特身上最非凡的本事之一——他与马匹之间有着天生的共鸣，有着让马匹镇静下来的天赋，而这一项天赋亦将陪伴他一生。尤利西斯并不害怕马匹，马匹也无惧尤利西斯。在他还是个小男孩的时候，他便已经在州内树起了名号——19 世纪早期版本的“马语者”[①]，且他从未失去这门本事。

我们无从得知格兰特究竟是怎么驯服这些难搞的、坏脾气的马匹的，或许连他自己也是一头雾水。他冷静地与马匹轻声说话，轻抚它们，从不用鞭子去惩罚它们。不过最关键的一点在于，不知何故，马匹们能感知到格兰特是它们的朋友，它们信任格兰特。要是同样的效果能作用于政客与金融家们身上的话，格兰特的总统仕途或许可以获得更大的成功。

格兰特对于马匹的这种特殊感觉曾一度被认为没什么特别，人们甚至还断言许多成长于农场上的人也都懂得这门驯马技巧，但这些看法都是错误的。在马匹几乎是唯一的交通工具的年代里，驯服马匹、令马匹镇静下来的技巧

---

① 马语者，能和马沟通的人。

是十分罕有且十分有价值的。人们不顾远近将自己的马匹交给格兰特驯养。这样的事情极多，格兰特因此闻名乡里。有人说，就算当时的格兰特年仅 10 岁，其骑马技术亦是无人能出其右，他能够将别人已放弃的马匹驯服——在农场马匹等同于大量金钱的当时，这可是非常了不得的成就。

在西点军校的时候，格兰特的马术是其唯一优于别人的一项技能。关于他的马术的故事有许多，但有一个还是值得一说再说的。一次，他负责驯化一匹棘手马。这个男孩将双轮马车套在马身上，任由马带着自己奔跑，直至一处悬崖边缘马才停了下来。它站在悬崖边上，战栗、焦躁不安。小格兰特蹑手蹑脚地从马车上下来，以免马再次受惊。思索片刻后，他记起曾听过的“盲马极少失控”的说法，于是他快速地将自己的手帕蒙在马眼睛上，马这才镇静了下来。格兰特将马引回正路，并立即坐回马车上，此时的马仍被蒙住双眼，由缰绳牵引着平稳地迈步启程，不再尝试逃跑。

这个故事明确地告诉人们，格兰特不仅天生可以和马匹沟通，且懂得用智慧驯服马匹，平定它们的恐惧——他并没有试图去制服，而是去驾驭。多数成年人都想不到“将失控马匹的眼睛蒙住”，或是胆敢重回车厢与一匹刚刚被确认具有危险性的马一道出发，更不用说小男孩们了。

格兰特在学校读书的时候并不出众，就算是在乔治敦那所要求不高的“捐献”学校里亦是表现平平。在他父亲不久后购入的农场里，他是一名勤劳的工人。可是在那个时代里，人们都觉得，年轻男孩们在农场上努力工作，这样的事情再平常不过了。事实上，人们想要一个大家庭的原因之一，便是它可以提供大量听话的年轻工人。年轻的格兰特有一点给人们留下了深刻的印象，那就是拒绝杀害动物，虽然说这一点并不一定为人赏识。他不仅讨厌所有形式的狩猎行为（这份讨厌持续了一生），而且总是尽量避免吃肉——要不是已烧成脆片，他是绝不会触碰的，餐盘里稍带着点血都能让他感到反胃。格兰特在早期就不喜欢脏话和下流故事，在人生后期更是不容许这两者与他在同一地方出现。这一点对于军官而言实在非常罕见。

在整个内战之中，关于格兰特发怒的记录仅有一例——可这一点都不让人惊奇。在1864年5月末的弗吉尼亚州，格兰特在路上偶然看见这样的情景：马车夫正在抽打一匹不听话的马，鞭子不断落在马的头和脸上。据描述，当时格兰特大发雷霆，更下令将“不法者”绑于标杆上数小时，而后翻身上马，出发参加冷港战役（最血腥的正面战役之一）。格兰特显然不是平常之人，他见不得自己餐盘里有带血的肉，也看不得动物被杀，看不得马匹被鞭打，却忍心将士兵送上已持续将近一周的战场。在这场战役的最后一波进攻中，格兰特一方为三支联合军队击退，在不到半小时里死伤逾7 000人。伤兵们就这么躺在倒下的地方，躺在那被称为“屠宰场”的地方，在酷热的太阳底下待了将近一个星期，或被邦联军的神枪手们的子弹打死，或被生生渴死，格兰特才决定休战，把伤员运回来。格兰特在自己的回忆录中这么反思道：“我常常后悔自己在冷港战役中发起了那最后一波的攻击”，且那一场战役中他的指挥也不是典型的“格兰特将军做法”。但值得注意的是，在冷港战役中，激起格兰特怒火的并不是人的悲惨遭遇，而是一匹马的悲惨境遇。

*　　*　　*

在孩童时期，格兰特似乎一直过着孤独的生活。当时，他的父亲杰西正忙于建设自己的事业，并开始试图步入政坛——希望自己至少也能成为一名重要的市民；他的母亲汉娜则把他关在了自己的世界之外。或许正是这样的成长环境让格兰特变得喜欢与马匹待在一起，从马匹的身上他能找到在家庭中失却的情感。在乔治敦的同龄孩子当中，他那罕见的名字总被习惯性地改成“无用（Useless）”，由于这奇怪的名字组合，这个本就害羞、易受伤、过分拘谨的男孩在当时——或可以说，事实上于任何时候都是如此——想必受尽了小男孩们的嘲讽和欺负。小格兰特看上去总是敏感、易受伤害，虽然他一直尽量将自己的真实感受埋藏心底。当然，不管是孩童时期，还是长大之后，格兰特从没有被人看到过独自哭泣，但是所有照片里，他的表情中总是流露有一种哀伤。那些在后期与他走得较为亲近的人，比如谢尔曼将军，认为：格兰特看上去就像是那种只要可以哭，立刻便能哭出来的人。

可是，杰西和汉娜的照片却明确地传达出一个信号：眼泪是不可取的。所以，对于那些想要得到他们认同的孩子来说，眼泪同样是不可取的——这一点尤利西斯必然是做到了。

上学期间，他的数学似乎优于其他同学，但他却将自己的大部分时间花在了农活上——尤其是能让他演绎奇迹的、与马匹相关的农活上——而非学习上。他的驯马技术虽能取悦杰西，但远不能令父亲心满意足。杰西非常肯定，自己的大儿子就应该跟着自己进入制革厂工作，学习这门行当，成为一个有所作为的人。

但如果说，有哪门手艺是尤利西斯不愿意去学习的，那便是制革技术。制革厂就设在他家隔壁，始终弥漫着由固化脂和干血散发出来的有毒气体。格兰特在自己的房间里便能听见那些关在制革厂外待宰的老牛受到惊吓的叫声，以及它们被宰杀时的尖叫声。

制革的第一步便是剥下动物身上的皮——这也是最重要的一个步骤，而后将附着在上面的脂肪和血液清理干净，再把皮翻过来刮掉毛发。对于一个无法直视动物被杀情景、不愿吃肉（除非已经被烧得认不出原形）的年轻人来说，这绝不是他所能接受的学徒生涯。进入皮革厂工作这件事，于杰西而言是值得赞许的，但就格兰特自己来说，他却怀疑这件事是否会令自己感到沮丧，他一见到这种活儿便知道最终必将失败。考虑到接受教育对格兰特有益——要么去上学，要么听之任之，让他成为一个农场工人——杰西走了不寻常的一步，他给他的国会议员写了一封信，推荐格兰特到西点军校上学（但这件事他并没有知会格兰特）。

汉娜的想法我们无从得知，但她可能会效仿威灵顿的母亲——当威灵顿决心成为一名士兵时，其母亲是这么评价的："所以，我可怜的亚瑟只能去当炮灰了。"

从很多方面看来，格兰特得以进入西点军校一事都是不寻常的，更重要的是，政治野心蓬勃且好事的杰西在之前早已与推荐人区域议员托马斯·L. 赫姆疏远。赫姆是民主党人士，而杰西则是辉格党人，在激烈且直言不讳的政治争辩中，杰西曾说过许多让赫姆一听便觉被冒犯的话语。即便如此，杰西还是抛下面子给赫姆写信。而赫姆，或是出于纯良的本性，更大的可能是因为他认为这或许能让杰西闭嘴，同意将自己麾下的空缺职位批予年轻的尤利西斯·格兰特。

此时，少年格兰特（当时仅 16 岁）的法定名字为海勒姆·尤利西斯·格兰特，可介绍人赫姆并不会知道这个，因为人们在提到格兰特时总称他为尤利西斯。赫姆知道尤利西斯有中间名，所以他大胆地猜了一下，可能是辛普森（沿用汉娜家人的名字）。他写信告知战争部，补充空缺的人选是尤利西斯·辛普森·格兰特。所以，格兰特的名字意外地被战争部以及西点军校记录成 U. S. 格兰特。[1]

* * *

1839 年 5 月，格兰特来到西点军校报到。彼时的西点军校并非如今的庞大机构。事实上，那时的美国军队规模都很小，且任人唯亲。当时虽然多数美国人仍然认同专业军队这一概念，但少数人（甚至西点军校本身）却对之持有深深的怀疑态度。美国是民主国家，可推举军校精英的做法看起来却是极度不民主的。此外，人们仍有这么一个疑问：军队究竟服务于何人？此前，唯一一个曾与美国战斗过的敌人是大不列颠(美国母亲国),但美国与这位“母亲”的关系已越来越趋向和谐，除了边境上少数被遗弃的要塞仍需驻兵来抵御印第安人的进攻之外，美军并无太多任务在身。回看康科德、莱克星顿以及邦克山的“前车之鉴”,“公民军队”[①]的传奇在全国上下都深入人心。或许，大不列颠和欧洲的君王们都曾得意于他们的“正规军队”和贵族军官，尽管拿下独立战争与1812年战争胜利的是职业军队，而非“一分钟人”（独立战争时立即应召的民兵）民兵队，但还是有很多怀揣奋斗精神的人离开农场，肩扛来复枪与英军抗争，投票选出自己的军官，这样的理想是国家意志中被神化的一部分。

温菲尔德·斯科特将军对此提出了自己的看法。他是1812年战争中统帅军队的英雄人物，人称“爱显摆的老家伙（Old Fuss And Feathers)”，只是没有当着他的面叫过。斯科特将军胖到无法骑马，加上他那华丽的制服和羽毛帽，这些便很好地解释了这一昵称的由来。但他依然备受尊重，而他在军事事务上的权威性同样不可挑战。从某

① 公民军队，欧洲近代以来出现的两种军队模式之一，体现的是主权在民、自由主义的政治理念，不同于雇佣军。

种程度上讲，斯科特让人想起了大不列颠的拉格兰勋爵——他曾是威灵顿公爵忠诚的军事秘书（在滑铁卢战役中失去了一只手臂），后来成为了英军的指挥官。牛角袖（Raglan sleeve）正是因其而命名。和斯科特一样，拉格兰胆量过人，可他就是坚决地将“变革”拒之门外。当军队中有人提出变革建议时，他总会习惯性地说道“让我们想想威灵顿公爵会如何处理”，但之后则什么都不做。拉格兰是如此守旧的一个人，以至他在指挥英军参与克里米亚和俄罗斯的战斗中（当时英法为同盟军），当提到敌人时他还是习惯机械地叫他们“法军”。

就算是体格庞大、爱穿华丽制服、有着压倒性人格的斯科特，也还是无法令美国人尊重或满意军人这一职业。在那段时期，人们之所以当兵只是因为在生活其他方面皆碰壁无望。至于西点军校，若人们希望公费上大学的话，它几乎就是唯一的出路；对于西点军校学生来说，它还是一级可往上走的巨大社会阶梯。

格兰特到学校的时候，心里既没有热情，也无争辩之意——西点军校听起来无疑比制革厂靠谱多了。他一进入学校便接受了自己名字被改的事实，并没有为之感到烦恼。他的名字首字母组合由此变更为“U-S”，这虽然有些尴尬，但总比“H-U-G”的首字母组合好多了。过了一阵子，他便被同学们称作“山姆大叔（Uncle Sam）”，大多数军校同学都以此称呼他。与其之前在学校里被嘲讽为“无用（Useless）”的经历比起来，这样的进步也算是一种安慰。[II]

格兰特在西点军校并不优异——即便他热爱数学，成绩也得到一致的认同；而且他不仅因驯马术备受尊重，还创下了骑马跳高的新纪录，且保持了25年之久。以西点军校的标准来看，他的装束、举止、外貌全都可称为邋遢。他看起来对女生不感兴趣，对舞蹈或是任何一类的社交活动也同样如此。他对军事策略的那点兴趣也几乎可以忽略，他并没有阅读、研习或者拥有任何一本优秀军事策略方面的书。这或许正印证了拿破仑的一句话："战场与妓院一样，业余者往往要比专业人士厉害。"

无需惊讶，格兰特被列入了"乌合之众"的行列中——这里面都是些在操练中表现不好的学生，而且待了相当长的一段时间。他的大多数同学都错看了格兰特，认为他笨拙、孤独，其外表和举止也一点都没有军事人员的样子，且只喜欢骑马跑圈。虽然格兰特的个头最终长到了五英尺八英寸，这样的身高在19世纪中期并不算糟糕，但他到西点军校报到的时候仅有五英尺二英寸高，旁人必然将那时的他当作孩童而非成年人，即便他有着惊人的力气。虽然他的同学，包括詹姆斯·朗斯特里特、威廉·罗斯克兰斯、威廉·哈迪、约翰·蒲柏、理查·尤尔、巴克纳，全都成了美国内战南方或者北方的将军，但似乎只有巴克纳还记得格兰特（但是在唐纳尔逊堡战役中，他在投降时并没有因此而在格兰特那里得到多少有利的条款）。朗斯特里特则是一点都不记得格兰特，尽管他们两个在西点军校同窗了三年。格兰特似乎一直都是"最佳隐形西点军校生"。日后，虽然格兰特成了西点军校的荣誉，但他却是这样回忆这段日子："我人生中最困难的时期便是西点军校的那段日子，所以我回忆起它时从不会是快乐的。"

从西点军校毕业这件事也没有为他带来快乐。出于对马匹的热爱，他希望自己可以加入骑兵团，但当时那里并没有空缺，所以他只能加入步兵团。在那一时期，步兵团军官时常可以骑马作战，并不与士兵以及那些无任务在身的军官一并行军。这是他所能得到的安慰之一——至少，他还有马匹相陪，让他保持忙碌。

第三章

在英国，骑兵团和步兵团（警卫步兵除外）的社会地位有天壤之别，但在美国，情况却并非如此。那些在班里成绩拔尖的西点军校毕业生们均被派遣至工兵团（如罗伯特·爱德华·李）或是炮兵团 —— 这两个兵团都被认为必须聪明人才能够胜任。

对于格兰特这名害羞的年轻陆军少尉来说，在 1843 年，本希望加入骑兵团的他，最后被安排到离密苏里州圣路易斯市数公里远的杰斐逊兵营加入第四步兵团，这难免令他很失望。在试图加入骑兵团失败之后，格兰特曾申请成为西点军校的数学老师，但这根本不可能实现。他被“困在”了步兵团里，且必须让自己成为团里乃至整个密苏里州的最佳军官。

不管何时，格兰特都不是那种会抱怨周遭环境的人，但在那个时代，军营对于年轻人来说本就是一处孤独寂寞的地方，加上步兵营中那无休止的阅兵、训练，以及让人心烦的检查统统无法让他开心起来。他的同僚们打牌、喝酒、抽烟，终日无所事事，一到休息时间便尽可能地将时间花在邻近的圣路易斯市里，参加舞会，试着认识年轻女子，这些都没有引起格兰特的兴趣（他从未学过跳舞）。在漫长的7个月之后，第四步兵团接令沿密西西比河行进至路易斯安那州西部、得克萨斯边境的临时兵营——一个前途更加渺茫的地方，这名热爱马匹的陆军少尉愈发无可消遣了。

格兰特有段时间与他的西点军校同班同学弗雷德里克·T. 登特——一名直率、开朗的大个子年轻军官——走得很近。在格兰特返回杰斐逊兵营后，登特还曾邀请格兰特到他家里去做客，那是一处位于圣路易斯市附近的农场。登特家是个大家族，与“贵族”沾边，且他们的身份共鸣感、出身以及传统全都很“南方人”。弗雷德里克的父亲“上校”登特是个小奴隶主，性格平易近人，也获得了一定的成功。可是，怀特港尽管舒适，却也只是一处简单的农舍，与南北内战前美国南部诸州的豪华府邸相去甚远。根据威廉·S. 麦克菲利在1981年为格兰特写的传记中的描述，在那之后，格兰特夫人曾试图将登特家族描述成南方寡头政治的执政者，将怀特港比作塔拉[①]，然而这一说法却让人持以深深的

① 塔拉，爱尔兰东北部村庄，古代爱尔兰国王的故居所在。

怀疑态度。[1]

登特家族从马里兰州，途经匹兹堡市，搬到了密苏里州。在匹兹堡和圣路易斯两地，登特上校相当消极地做“生意”赚钱购买农庄。在那里，他将自己的大多数时间花在了读书上，同时也在政治上深感自命不凡。对他来说，懒惰似乎才是他积重难返的罪恶，而非蓄奴。

登特夫人怀有一颗希望迈入上流社会的野心，自身也有着戏剧表演的天资，完全可以胜任田纳西·威廉斯戏剧中的母亲角色。据说她非常厌恶被困在圣路易斯市外的农庄生活之中，渴望进入市区社交生活的核心 —— 她感觉自己就是属于那里的。登特家族一共有六个小孩，四男，两女：埃伦（常被称为内莉）和朱莉娅。

考虑到南北方的差异，同俄亥俄州出身的格兰特比起来，登特家族的社会经济地位并没有高出很多。比起隐居的汉娜·格兰特，登特夫人无疑更为健谈，也更具潮流意识；登特上校虽然精明，但与作风硬派、白手起家、四处奔忙的北方商人杰西·格兰特相比却也是差距甚远的。然而，人们很容易便可以想象：生气勃勃的登特家族在寂寞的尤利西斯·格兰特的身上起了什么作用，以及这一家族对他的接受于格兰特本人来说意味几何。

格兰特最初认识的登特家的女孩是内莉，但他在遇见朱莉娅后仅过了短短一段时间，两人便坠入了法语所说的 un coup de foudre，也就是一见钟情 —— 至少在朱莉娅看来是这样的。两人花很多时间一起骑马 —— 究竟朱莉娅真是一名热情的女马迷，抑或她只是简单地猜想这是参与尤利西斯爱好的最好途径，这一点人们并不清楚。虽然格兰特个性害羞、拘谨，但两人仍在不久之后形成了“默契”。格兰特终于找到了一个爱慕自己、尊重自己、能将自己从孤独和自我孤立中带出去的人，且能对她倾诉。而朱莉娅则找到了自己美好的理想型男人。尤利西斯长相好、思想严肃，且全心爱护她。如果有一对情侣堪称“灵魂伴侣”的话，他们一定是格兰特和朱莉娅。在日后的生活里，他与朱莉娅的婚姻成为生活的重心，而他也成了朱莉娅的重心，即便在格兰特过世之后仍是如此。或许，只有维多利亚女王和阿尔伯特亲王的婚姻才能与格兰特夫妇相比，对彼此的满意程度也与之相近。格兰特家族无疑将拥有 19 世纪最美好的婚姻之一。

当然，这一切的前提是他们得先结婚。格兰特前途渺渺——陆军少尉的薪酬微薄，而在和平时期，军官的晋升又极其缓慢。客气地说，朱莉娅“样貌平常”，就连登特家族中与她关系最亲密的人也都承认这一点。事实上，“相貌平常”似乎便是对朱莉娅·登特的最好描述了。她有一张年轻时候的照片，大约拍摄于格兰特向她求婚的时候，或者更准确地说是她向格兰特求婚的时候。从照片中可以看到她长着粗笨的鼻子、结实的下巴，且一只眼睛明显斜视——麦克菲利暗示这是斜眼症，一种与眼部肌肉衰弱有关的斜眼症状（有些人还不客气地称之为“白眼”），她的头发全部往后梳，呆板地紧贴头皮，整个身形壮实且矮胖。

当时的时尚潮流显然没有帮上朱莉娅的忙。照片中她的表情看上去严厉、不耐烦、冷漠。虽然她将自己想成南方美女，想做美国边境上的斯嘉丽·奥哈拉，但到目前为止，她依然是登特家族中长相最为平庸的成员——就连她的深肤色侍从们（当然，指的就是奴隶）似乎也曾这么告诉过她。

登特和格兰特两家人对这场婚姻的前景都不太看好。就算明知朱莉娅长相平庸，她的父亲登特上校无疑还是希望自己的女儿能够嫁到更好的人家，而不是嫁给这个父亲只是俄亥俄州一个较为成功的制革厂老板的陆军少尉。于杰西·格兰特而言，他认为自己的儿子还太年轻，不适宜结婚——尤利西斯遇见朱莉娅的时候仅22岁，而朱莉娅只有17岁；这个未来儿媳只有一点让他颇为满意，她的父母是南方的奴隶主。但格兰特自己却似乎下定了决心——这或许是他人生中第一个也是最重要的一个决定，且他的决心大过朱莉娅。在两人的生活中，朱莉娅的意志力、野心，以及决心都比格兰特要强。但无论如何，他们为彼此的付出如正面小说所说的一样坚定、不证自明，足以跨过所有阻碍和反对。

英军之间流传着这么一句俗语："陆军中尉没法结婚，陆军上尉可以结婚，陆军少校必须结婚。"这一规律直至20世纪仍可视为真理。然而在19世纪的美军陆军中尉都早早结婚，人们也将其视作一件好事。对于驻扎在倒霉的前哨——多数还位于边境——的部队来说，在这样前不着村、后不着店的地方，老婆和孩子就是年轻将士们的一剂定心针，若没有他们，将士们很可能会沉湎于喝酒、召妓或赌博借以打发时间。虽说格兰特最终也将陷入其中一项恶习当中，但值得注意的是，在与朱莉娅订婚之前他是一个有节制的人；但在那之后，每当他与朱莉娅分居，或是身处加利纳的不幸与失败以及债务之中，就连朱莉娅也无法说服他从中走出来的时候，他总会以酒消愁。

不过这都是日后的事请。这对年轻爱侣同意订婚四年后再结婚——当然他们是不情愿的，但所有人心里都清楚得很，无论这段订婚期有多长，都没有任何东西能够改变他们对彼此的感情。关于这对爱侣有一个曾被讲过无数遍，也有着无数版本的故事：当年格兰特从杰斐逊兵营骑马直奔怀特港向朱莉娅求婚，路上遇上一条河，河水汹涌，无法涉水而过。他并没有转身，而是跃入河中，在滔滔河水之中带马游至对岸。当抵达登特家里时，他还得向别人借来干的平民衣服穿上。这件事值得人们关注的原因不仅在于它凸显了格兰特那大胆的马术和决心，更在于它让人们第一次得知了格兰特性格中一个非常重要的特质：他极度(几乎是病态地)厌恶转身走回头路。如果他出发前往某地，不管路上遇到多大困难，他都会想尽办法到达目的地。这项特质也是他能成为杰出将军的一个原因。格兰特会一直一直向前推进——原路折返从不是他的选择。

* * *

格兰特与朱莉娅订婚的那几年可说是暴风雨的前夕——在这里，我们需要暂停片刻，先讲讲19世纪40年代美国的政治境况，因为它将对这对情侣产生影响。1836年的得克萨斯人大多是美国白种人，也是在那一年，得克萨斯宣布脱离墨西哥独立。在短暂而血腥的战争之后，它从墨西哥成功独立出来，并建立了得克萨斯共和国。得克萨斯共和国很快便得到了美国政府的承认，但墨西哥一方却不予认同。美国商业利益群体迅速转向这一新生国家，为之提供财政资助，而且由总统安德鲁·杰克逊领导的美国政府也暗中向得克萨斯共和国输送武器和志愿兵。

将得克萨斯共和国并入美国的呼声越来越响：如果它成为美国的一部分的话，借给它的贷款将更有保障，所以华尔街是支持兼并的；但更为重要的是，如果它被联邦兼并，联邦将增添一个蓄奴州——或许还不止一个，因为得克萨斯共和国的范围很大，有人提议将它分割为四个州。这四个州将为美国南部议会集团增添八位支持奴隶制度的议员。在"是否扩张美国西部奴隶制度"这一极具争议的问题上，南方可因此获得应对北方的关键性优势；南方人同时指出："它还可以稳固'旧时美国南部的黑奴制度'。"

《独立宣言》发表之后，奴隶制这副"骨架"便已经在美国的政治壁橱中咔咔作响——事实上，若杰斐逊没找到方法来回避奴隶制问题的话，这宣言本身也将无法签署。到了尤利西斯·格兰特去西点军校报到的时候，有一点已经变得很清晰了，那就是大部分北方人都不能容忍奴隶制度，但他们也准备与之共存（如果必需的话），前提是奴隶制度不再向西边或者更远的南部扩张。

当然，在南方人这里，这事情就不是这么解读了——奴隶制是合法的，虽然这会让马萨诸塞州和纽约地区的人们感到不舒服，但只要有可能的话，南方人有权将奴隶制拓展至新的区域，并南延至墨西哥和加勒比地区。1820 年通过的《密苏里妥协案》规定：密西西比河以西以及密苏里州南部边境与西部的分界线以北的所有区域不得建立奴隶制度。但妥协案本身的合宪性一直受到质疑。不管怎样，得克萨斯可能被兼并这件事被北方人视作一大威胁，但对于南方人而言，在奴隶制越来越多地受到人为制约的当时，这是一个突破的好机会。

在北方，有一小部分人对废奴存在异议；在南方，同样有一小部分人主张制约奴隶王国的扩张。但两方的极端主义者总是很快便占据了主导位置，而后为这场争辩划下界线。释放黑奴，并赋予他们与白人平等的权利，这一观念在南方所得到的拥护票数肯定比不上北方。而且如果奴隶制度可终结的话（通过平缓、和平的方式，如为奴隶主提供补偿），奴隶们又该被安置至何处，这还会成为一个麻烦的美国政治学术问题。若将奴隶们遣返非洲，这最终将创建出一个利比里亚国；稍微实际一点的方法是将奴隶们安置于某一个州，或是开拓出一个属于他们自己的全新地域，这一方法时常为人们所讨论，却缺乏足够的说服力和执行力。

是否兼并得克萨斯的争论，令奴隶制问题再度成为国家政策分歧的关键点，并让很多人感到非常不安。然而，当精明的得克萨斯人开始在伦敦与大英帝国进行协商，试图让共和国成为对方的一部分之时，这一国家分歧也就迎刃而解了。就连坚定的否定者也被吓了一跳，一想到大英帝国可能重新踏足北美土地他们就感到沮丧。这一潜在威胁是詹姆斯·诺克斯·波尔克能够于1844年拿下总统竞选的众多原因之一，也是得克萨斯后期被兼并（纯属侥幸成功）的一个原因。波尔克和南方人——更不用说得克萨斯人自身（一旦加入美国之后），都有着一颗很大的野心，那就是尽可能多地占有墨西哥的领土，至少也要将格兰德河以北的地区夺取过来。关于得克萨斯南部边境如何界定的争论一直悬而未决，这一问题自得克萨斯共和国成立之日起便开始不断恶化。它仿佛是为了挑起战争而生，只要有人煽动墨西哥人发起战争的话。墨西哥人宣称他们与得克萨斯的边界是埃希斯河，但得克萨斯一方（以及如今的美国）却争辩说格兰德河才是边界，两河之间相隔大致一百二十英里。这样的纠纷并不大，却足以挑起一场战争。波尔克派兵进入界限模糊地区，想着自己的介入迟早会激怒墨西哥，让他们投入战争。

* * *

这场旨在引发墨西哥战争的军事演习正好发生在格兰特与朱莉娅订婚之时，这意味着在大部分的订婚期里，格兰特将不能陪在未婚妻身旁，因为第四步兵团需先推进至位于路易斯安那州西部边界、临近得克萨斯的纳基托什县，在那里待了一年后，经由奥尔良市到达得克萨斯的科珀斯克里斯蒂。这场小型军事演习的目的在于震慑墨西哥人，让他们将美国的力量以及严肃意图铭记于心。格兰特只是这出大戏中一个不热心的小龙套，他对奴隶制度并无好感，也讨厌用军队去挑衅墨西哥促使对方参与一场可能会吃败仗的战争的做法。此外，他也并不渴望与墨西哥人或是其他人战斗。最重要的一点是这项任务使得他与朱莉娅分隔两地，也令他不能迫使登特上校快些点头应允这场婚姻。

所以，他给朱莉娅写了许多详尽的长信，里面满是他的睿智发现以及有趣的细节描述。这些信中以少有的动情表露出了他对朱莉娅的热情，这并不像普通陆军少尉的手笔。在西点军校时，格兰特的上级曾不满他将时间花在阅读“罗曼蒂克小说”上（这事发生在如此阴郁的格兰特身上，似乎有些不可思议），但如果这是真事的话，那么这些小说在格兰特作家路上所起的作用肯定要比约米尼[①]所著的策略经典多。和温斯顿·丘吉尔年轻时候一样，格兰特在学校和军事学院中并无所成，却学会了如何遣词造句。他的单词拼写没法令人满意，但行文却直白清晰，从不会引起歧义，在接下来的岁月中，他也保持着同样的文风。这些信

① 约米尼，即安托万·亨利·约米尼（Antoine-Henri Jomini，1779—1869），法国拿破仑时期的将军及军事家，著有关于战争和军事理论的作品，影响巨大。

件当然有着它们的使命，那就是令朱莉娅的注意力保留在他身上，以及说服她的父亲同意他俩早日结婚（这并没有成功）。它们还清晰地表明了一点，虽然格兰特非常记挂朱莉娅，但对他在得克萨斯和墨西哥的生活，包括对军营生活的描述亦是愉快、精致且经得住推敲的——这些都是为了让身在路易斯安那州的未婚妻开心，且对他抱有兴趣。

在科珀斯克里斯蒂待命的日子是沉闷的，之后的墨西哥小镇生活同样令人昏昏欲睡。有意思的是，在等待墨西哥政府失去耐性，投入战斗的日子里，这帮初级军官组织了一个业余戏班。他们所演的其中一部戏便是《奥赛罗》，格兰特令人意外地被说服出演苔丝狄蒙娜。詹姆斯·朗斯特里特（未来的邦联将军）也参演了这部戏，他抱怨格兰特扮演的苔丝狄蒙娜缺乏说服力。于是，格兰特的戏份便被一个从新奥尔良派来的专业女演员顶替了。不过，未来夏洛战役以及维克斯堡战役的胜利者身穿 16 世纪威尼斯年轻女子的服饰，这样的一幕必然令人难忘——20 年后，出席阿波马托克斯会议的一些人仍对此景记忆犹新。[II]

更为经典的是，当军队被“困”在一处有大量野生马匹的地方时，格兰特以每匹 3 美元的价格买下了许多马匹，希望能以双倍价格卖出，可这一笔钱又一次打了水漂，这些马全部逃跑了。这是一次预警，预示着格兰特这一生都无法做成生意，就算是最简单的买卖他也无法从中获利。

与此同时，美军已越过纽埃西斯河，但墨西哥仍不为所动，美军又继续朝格兰德河前进，即便是以那个时代的标准来看，他们的行军步伐仍是死气沉沉的。当时军队的司令官便是被人称为“机灵的大老粗”的扎卡里·泰勒将军[①]，这一昵称或许就是拿来凸显他与“爱显摆的老家伙”——斯科特将军的对比。扎卡里·泰勒将军常穿着蒙着灰的朴素平民衣服而非制服，头戴宽边软帽，脚穿未抛光的靴子；他喜欢侧坐在马背的一边，摇晃着两条腿观察自己的部队，就像倚坐在安乐椅上一样。这可能是格兰特与泰勒的第一次会面，这次会面深深地印在了他的心里——或者，至少这也是其“将军并非一定要穿成军官样子才能拿下战斗”想法的来源。

泰勒所采用的战术是全军向最近的墨西哥大城镇——马塔莫罗斯市（距科珀斯克里斯蒂约 150 英里）推进。部队经过的乡村地区气候干旱，渺无人烟，井水或可饮用的河水稀少，很难找到喂养牲畜的草料。而军队的运输工具就是骡子和牛，脚程缓慢。将以上因素考虑在内的话，这一趟行军预计将持续数月之久。但不管如何，泰勒将军的军队最终还是穿过了那片备受争议的地区，并开始在马塔莫罗斯市建造小堡垒——这是一次墨西哥人不得不迎接的叫板行为。其结果便是，在 1846 年 4 月，美国政府、华尔街、得克萨斯人和南方人终于迎来了他们期盼已久的战争。

对战事的前景，格兰特并没有太过乐观，与泰勒将军

---

① 扎卡里·泰勒（Zachary Taylor，1784—1850），美国政治家、军人，第 12 任总统（1849—1850）。

一样，他并不相信这是一场正义的战争，且相较之下他更偏向墨西哥人。不过，在当年的5月8日，他在帕洛阿尔托接受了炮火的洗礼——泰勒将军麾下的3 000名将士终于与墨西哥军遭遇，而后，将军率兵组成战线，向军力强很多的敌军推进。“我想，泰勒将军肯定觉得这是一项令人恐惧的责任，”格兰特之后在信中写道，“指挥着这么大一帮人，还离友方那么远。”

在对战争具有决定意义的炮火交锋之中——泰勒一方持有比墨西哥军更为先进、射程更远的武器，它们可射出炮弹而非实心球弹——格兰特处于极端紧张的状态。“一颗加农实心球弹穿过了我们的队列，就落在离我不远的地方。它砸下了一个士兵的脑袋和我们团上尉佩吉的下巴，这颗杀死了一个士兵的炮弹的碎片带着死者的脑浆和骨头，继续击倒了两到三个士兵，其中一个还是军官——中尉沃伦。”不管在当时还是后来，格兰特的纪实散文都没有掩饰战争的惨烈。

9日，格兰特在瑞斯卡参与了另一场战斗。在这场战事之中，他成为连队的临时司令官，并捉住了一名受伤的墨西哥上校。格兰特评价道：“就算没有我在，瑞斯卡拉帕尔马战斗的结果也将与这次一样——拿下胜利。”就连托尔斯泰也无法写出更恰当的句子。不过，只需加以细读，你便可以看出格兰特证实了自己敏锐的观察能力、指挥能力，面对炮火毫不恐慌、退缩，对可怕的战斗场合也有着极强的忍耐力。简言之，他拥有一个真正的士兵应有的一切品质。

在军队驻扎马塔莫罗斯的这段漫长时间里，格兰特结识了许多军官——在南北内战中，他们或将成为对手，或将成为伙伴，即联邦军将领——而他那极佳的记忆力也将在日后回报自己，他经常能根据对方昔日在墨西哥的表现来猜测其战斗指挥之法。因此在唐纳尔逊堡一役中，他凭借直觉便判断出巴克纳将于压力之下投降。当时，格兰特与李将军、约瑟夫·埃格尔思顿·约翰斯顿[①]以及阿尔伯特·西德尼·约翰斯顿[②]（这两个约翰斯顿不是亲戚）一同服役。他后来在回忆录中评论道："我对敌方的判定，肯定受到当初对对方的了解的影响。大多数人总认为那些不为人了解的大军司令官拥有超人的能力，这是人之常情。比如大部分国防队，以及大多数国内媒体都认为李将军具有极佳的品质，但我了解他，知道他是个普通人。"

在战争时期，过高地评价敌方成功的司令官，甚至是英雄式崇拜，这样的现象当然不仅发生于19世纪的美国。在第二次世界大战期间，"隆美尔因素"得到多数人的钦佩，与李将军的情形十分相似。陆军元帅隆美尔征服了英国的民众以及大部分英军将领，直至最后伯纳德·劳·蒙哥马利将军（当时的军阶）在阿拉曼将之击败，隆美尔不可战胜

① 约瑟夫·埃格尔思顿·约翰斯顿（Joseph Eggleston Johnston，1807—1891），南北战争时期南军将领。

② 阿尔伯特·西德尼·约翰斯顿（Albert Sidney Johnston，1803—1862），南北战争时期的南方第一任西线总司令，在下文所说的夏洛战役中阵亡。

以及战神的称号才被终止。显然，隆美尔的神话并没有因战败而衰落，而是与李将军一样，继续影响着历史学家以及传记作者们。

令人意外的是，在格兰特所认识的军官当中，为他上了重要一课，教会他如何利用政治影响力，以及在战时，相对于专业士兵而言，业余士兵如何快速爬上晋升之梯的不是别人，恰是国会议员赫姆——在过去他曾向杰西·格兰特的要求做出让步，将其儿子送入西点军校——现为俄亥俄州志愿兵少校，正等着被提升为准将。

最后，格兰特所在的军队人员扩充至6 500名，他们经由马德雷山脉蹒跚行进，向前往墨西哥市途中的最后一座主要城市蒙特雷施加威胁。这座城市由1万多名戍卫士兵守卫。在一阵短暂围攻之后，泰勒将军向这座城市发起了突击，格兰特紧跟其后，在街上与敌方战斗。让格兰特在战争中脱颖而出的是，他主动要求骑马从来复枪弹雨笼罩的街道返程，请求弹药支援。他以最快的速度策马狂奔，和印第安人一样用单脚勾住马鞍鞍尾，一只手臂环住马颈，紧贴在马匹一侧以避开敌人的火力。这是凯文·科斯特纳或其替身可能会在电影中上演的一幕（与电影《与狼共舞》的开场没什么不同），但格兰特却在现实里，在蒙特雷将此表演出来。彼时子弹在他身边嗖嗖而过，驾驭的马匹狂奔在鹅卵石路上（有的地方还因沾满血变得湿滑不已）。这一功绩为格兰特赢得了极大的尊重。

到了某个地方，他被美军士兵拦下，而后步入了一间房子，发现房内满是受了重伤的美国人，其中有两名还是他认识的：一个是上尉，头部受了重伤；还有一个是中尉，“肠子正从伤口处流出”。在许诺会向这里发来援助后，他又回到马背上继续飞奔。但是战乱中，这群美国人“在夜里落入敌人之手并牺牲了”。

在格兰特笔下的日常片段中，不带感情色彩的散文便是一种对战争的恐怖的最佳描写方式，是一个值得戈雅[①]去描绘的场景或结果。遇见美伤兵的次日，蒙特雷被成功拿下。当见到墨西哥战俘，尤其是目睹骑兵们“骑在小得可怜且饿得半死的、看起来并不像能将他们载出城外的马匹上”，格兰特心中涌起了悲悯之情。

面对敌军被俘的悲凉情景，或是在满是伤兵及平民伤员的可怕的房间，其他军官很少会和他一样心生感触，而格兰特甚至在他的职业生涯之初，便已经有了这种职业军人少有的品质——为敌我双方的伤亡感怀伤神。这不是软弱的表现，只是坦露自己的感受。在目睹战场上所发生的一切之后，格兰特咽下了自己的反感、怜悯与嫌恶，继续前进。他并没有像叶芝[②]说的那样“冷眼看待生死”，而是对生死投以悲痛的目光——你只需看看他的照片便可领会——这并没有影响他做出正确的战斗决策。

---

① 戈雅，即弗朗西斯科·何塞·德·戈雅-卢西恩特斯（Francisco José de Goya y Lucientes，1746—1828），西班牙浪漫主义画派画家。

② 叶芝，即威廉·巴特勒·叶芝（William Bulter Yeats，1865—1939），爱尔兰诗人、剧作家。

与此同时，这场战争变得越来越重要，美当局钦点“老家伙”温菲尔德·斯科特将军前去墨西哥指挥战场的决定强调了这一点。对于泰勒从北方发起攻击的战术，斯科特并不买账，他建议向韦拉克鲁斯港推进，夺下它，然后在墨西哥的内陆行军。“机灵的大老粗”（泰勒）坚持自己的推进路线，而他的对手“爱显摆的老家伙”（斯科特）则佩戴上所有的羽毛、腰带以及法律认可的镀金勋章（据格兰特带有厌恶感的观察），缓慢地朝韦拉克鲁斯港推进。这两位将军践行伟大的美国传统，坚定地将眼光投向了下一届总统大选。

在这次任务中泰勒行军速度较快，率领志愿兵军队力克兵力强大许多的墨西哥军，并拿下了重要的布埃纳维斯塔（1847 年 2 月 22 至 24 日）。泰勒借此确保了自己在辉格党内的提名权，并于 1848 年赢得了总统之位。

至于格兰特方面，他所在的军团从泰勒调至斯科特一方。在这里，缓慢的行军步调和对军队礼节、正式着装仪表的全天候严格要求都令他难以忍受。他受威廉·J. 沃斯将军统领，关于这个人，他犀利地评价道：“有的将军能指挥军队最大限度地前进，且使士兵不感到疲劳；而有的将军却能在数天里便让士兵精疲力尽，且行进的速度远不如前者。沃斯将军便属于后者。”

格兰特参与了围攻韦拉克鲁斯港之战和塞罗戈多战役。罗伯特·E. 李上尉在这两场战役中表现得劲头十足，极具魅力。在那之后，格兰特被任命为军需官，接令随一列四轮马车队出发，前去“采购粮草”。这是一个不具吸引力但责任重大的职位。在西点军校的时候，他总是沉浸在小说之中。如果他曾费过点心思阅读拿破仑对战争的评价——“军队吃饱了肚子才能前进”——他很快便有机会以军需官的身份在战场上验证这一格言了。此外，他还在行动中比较泰勒和斯科特的高下，并记录道：“泰勒并不是健谈的人，但落到书面时，他的话语是那么清晰明了，不可能被误解。”这一番描述，或许格兰特亦能恰如其分地应用在自己身上。

斯科特率军继续朝墨西哥市进击，格兰特参与了马里莫孔特雷拉斯战役和查普特佩克战役。在马里莫，他机智地靠朝上翘的两轮运货马车爬上一座建筑物的屋顶，并以此为据点击溃防守的墨西哥军。在查普特佩克，他临时组建了数个小分队，冒着枪林弹雨快速行动，拿下城镇防线的重要一环。他在回忆录里写道，马里莫和查普特佩克这两场战役“完全是多余的”，但在这两个战场上，他无疑有着英勇的战斗表现，就算没有接到命令，他也会毫不犹豫、大胆主动地行动。

9 月 14 日，美军终于进入墨西哥市。斯科特将军将指挥部设在“蒙特祖玛的礼堂里”，而尤利西斯·S. 格兰特也得以晋升为中尉。此前，军团中军阶高于格兰特的四名军官全都在一次“轮船爆炸”中身亡。一如军队的惯例，若上级军官牺牲（不管如何牺牲），下级军官便会得到晋升。所以，格兰特的晋升主要得益于这种升级程序，而非自身的英勇表现。另一方面，作为一名常规军军官，他知晓这一规则，也就没有为之动怒。

不管格兰特如何看待墨西哥战争（他保留有许多意见），也无论他有多同情墨西哥被迫接受严苛的和平条款，墨西哥境内格兰德河以北的所有领土权将被剥夺，纳入美国领土。他令人放心地承担了自己的职责，并向自己证明了一点——他是一名士兵。

美国最终完成了自己的“命定扩张”[①]，也正因此，国内热议的奴隶制是否取缔问题也就延伸到了那片新的广袤领土上。至于尤利西斯自己，他只想快点回家，回到朱莉娅身边。

在临近韦拉克鲁斯的一处海滩，格兰特中暑了。彼时，热病正在军队中肆虐。之后，他又坐船前往密西西比州帕斯卡古拉，随即又获得了四个月的休假。

* * *

1848 年 8 月 22 日，他在圣路易斯迎娶了朱莉娅·登特。在当时，这或许是他人生中最重要的事情了。

---

① 命定扩张，19 世纪美国人的一种信条，认为对外扩张是美国的天命，为惯用措词，表达美国凭借天命对外扩张、散播民主自由的信念。

第四章

在抱得美人归之前，格兰特曾等待了很长一段时间。可明显地，登特家族虽向这样的“必然事情”让步，但他们并不是很开心。墨西哥的服役让格兰特变得更加坚强——他瘦削健壮，皮肤也晒成了古铜色，像足了画像里的凯旋英雄。可是，他依然只是一名步兵团中尉，依然只是那个自大的北方制革商人的儿子。凭借着耐心和坚持，尤利西斯终于娶得朱莉娅，但朱莉娅和她的家人都清楚地提出，在今后格兰特有责任提升自己，成为够格迎娶她的人。杰西·格兰特将汉娜·辛普森从她家族居住的砖房中带了出来（在彼时的俄亥俄州波因特普莱森特，砖房是十分珍贵的资产），表明自己已经成婚。从某种意义上来说，这已经是格兰特家族的传统之一。尤利西斯也是这样做的——至少在登特家族眼中看来是如此。他感到十分奇怪，砖房在自己的婚姻中竟也扮演着同样的角色，因为朱莉娅一直渴望拥有一座砖房，但多年来只能无奈地住在她认为配不起自己的房子里。

无论是身体上还是感情上，尤利西斯和朱莉娅的二人世界都过得很开心，这无疑是因为他们的步调一致。他们的生活从没有一丁点儿的丑闻或是不忠——尤利西斯是最忠诚、最深情的丈夫（但并非总是最公开表露感情的），且始终如一；而朱莉娅，虽然有着高要求，但看待她丈夫时总是戴着一副玫红色的眼镜，正所谓“情人眼里出西施”。不管格兰特变得有多不堪、多衣衫褴褛——且在他重新崛起之前，他将经历一段很长的低谷——这一切朱莉娅全都拒绝承认，甚至可能直接无视。在格兰特成为上尉之后，朱莉娅总是叫他“格兰特上尉”；当格兰特沦落为父亲皮革品商店中的办事员时，朱莉娅仍然觉得他“一直都是最好的”。

此时，这对年轻夫妇的幸福全掌握在一个最不靠谱的机构的手中，如今我们多将它称为“人力资源部”。和平时期的军队将尽一切所能地让这对夫妇的生活变得悲伤不已，格兰特被派遣至底特律市，这在彼时绝非一个让人羡慕的差事。但是，在他们俩到达那里之前，军方又不顾他们的反对，将他调往纽约州萨基茨港，那是安大略湖边上的一个偏僻的前哨。小夫妇在那里度过了一个漫长的寒冷冬天，也在那里初次尝到家庭幸福的味道。

1849 年春天，在他们习惯萨基茨港的生活之后，陆军部终于回应格兰特所提出的不愿驻留于此的抗议，将他调回底特律。在那里，两人住进了朴素的房子，也融入了朴素的生活，周边也都是一些初级军官夫妇。后来，朱莉娅回到圣路易斯市的家里，生下他们的第一个孩子弗雷德里克·登特·格兰特（以朱莉娅父亲的名字命名）。也正是此时，格兰特被再一次派往萨基茨港。1851 年，朱莉娅和孩子去那里与他团圆。

1852 年，格兰特所在的军团被派至太平洋海岸。尽管朱莉娅渴望陪伴在丈夫身旁，但这时她又怀上了孩子。在当时，这段路途是非常艰难的。首先，他们需乘船来到巴拿马地峡，然后骑上骡子穿越山路崎岖的地峡——这可是一个黄热病与霍乱横行的国度，最后再乘船渡过广阔又艰险的大海来到旧金山。在这趟旅途中，许多男人尚未到达太平洋巴拿马海域便病死途中。任何一个怀有身孕的女子，甚至意志坚决如朱莉娅·格兰特，都不想尝试踏入这趟路途。

可以想到的是，格兰特在军中并没有具影响力的朋友。此外，当格兰特在墨西哥担当军需官时，军队曾有 1 000 美金失窃，人们一直认为他需负上责任，且还曾对他怀有轻微的质疑。虽然没有人能断言那笔钱是格兰特所偷，但看好这笔钱就是他的职责，所以上头下令要他偿还这笔钱。不管是他，还是他的父亲以格兰特的名义给战争部的信件，都不能有力地澄清此事，就连格兰特自费前往华盛顿辩解也没有成功——其中当然有部分原因是他不善于理账，另外则是因为他的自我辩解缺乏说服力，表达也不够清晰。

不管怎样，格兰特还是于1852年的夏天离开了朱莉娅，从纽约坐船，在一段艰险的航程之后终于抵达旧金山。在巴拿马区域行军时，第四陆军团中有150名士兵染上霍乱死去（这大约是当时的平均数）。格兰特希望通过小投资来赚取足够的钱，好把朱莉娅和孩子们接过来。但是他的投资尝试接连失败。他和人一起开杂货店，投入的资金和合伙人一道消失不见。他又试着养猪，结果也失败了，种植番茄同样无果。不管他做什么，错误的判断、恶劣的天气、糟糕的运气总会缠上他，让他变得更加穷困。他并非缺乏精力，也不是不够努力，只是单纯地缺乏生意头脑。

那时，军队并没有给格兰特指派什么任务。后来，他又被调到华盛顿特区温哥华堡的哥伦比亚军营，在那里，他的职位是军需官，实质上就是穿着军装的仓库管理员。虽然乡村景致优美，但随着时间慢慢流逝，加上生意投资接连失败，格兰特变得越来越忧郁，也越来越寂寞。朱莉娅的来信中也透露出些许的不耐烦——她还正与两个儿子，弗雷德和小尤利西斯（大家都叫他“巴克”，但他的母亲却不这么叫他），一起在萨基茨港等着他的好消息。直到那时，格兰特还没有见过自己的次子小尤利西斯。

* * *

纵观格兰特在胡德山以及太平洋的整个历程，哥伦比亚的军营生活是其酗酒故事的开端。首先要指明的一点是，格兰特从未有过欢快的畅饮。他不去酒吧，也不会和酒伴交流酗酒的逸事。孤独、压抑与挫败感，再加上看不见转机的现状，使得格兰特开始喝酒。他继续独自放纵，带上一瓶威士忌窝在自己的屋子里独饮。后来，当他成为将军，仕途走高的时候，阻止他喝酒则成了忠诚部下的任务，若实在阻止不了，他们便要帮着他隐瞒。酗酒并没有让格兰特变得快乐。事实上，酒精加剧了他的头痛，而偏头痛则使得酒后的宿醉变得更加严重，屈服于酒精而产生的惭愧感亦令他更加难受。

从某种程度来说，在 1861 年之后，公众对他的评论及格兰特为自己设下的目标令他克服了酗酒问题，而夫人的陪伴也总能使他远离酒瓶。他无法承受自身的失败，也无法承受朱莉娅不在身边的事实，事情就是这么简单。而在温哥华堡，他既不能逃脱失败的阴霾，也没有目标，朱莉娅还远在 1 500 英里之外——这是一段无法逾越的距离，所以他投进了酒精的怀抱。他喝多或喝少，全都不受旁人影响。

再后来，格兰特被调至北加利福尼亚洪堡，在这里，他觉得更加孤独——他甚至没有自己的马匹可以骑行，且他的酗酒问题还很快引来了司令官的注意。他被勒令戒酒，他努力尝试去戒，但最终还是重拾酒杯。1854 年的春天，迫于司令官的压力，也出于绝望的心情，他终于走了极端的一步，给军队写了辞职信。讽刺的是，就在他递信的这一天，他同时也收到了晋升信（升做上尉）。上尉一职来得太迟了，它已经无法改变格兰特的想法了。他现在只想回家，向朱莉娅讲明自己的心绪，再不要离开她身旁。怀着这样的目的，格兰特向西点军校的同学西蒙·玻利瓦尔·巴克纳借了路费，以最快的速度出发。自从他到西点军校报到之后，这是格兰特第一次恢复平民身份。

不管朱莉娅对这件事持什么看法，杰西都决心让格兰特重回轨道。他比任何人都清楚，除当兵外，尤利西斯什么都做不来。所以不管格兰特是以怎样正当的理由放弃自己的职业生涯，儿子辞职一事令他大吃一惊。杰西立即给国会议员去信（这次，他并没有写给不走运的赫姆），要求战争部长恢复儿子的上尉职位。当发现这信没产生任何作用时，杰西又亲自给部长写信。战争部长以斥责的语气回信指出，一切都太迟了，格兰特的决定是不可逆转的；字里行间还暗示了格兰特上尉所不愿意公开面对的事——或是证实他在当值时间酗酒传闻的证据，或是失窃的1 000美元。

那时的战争部长不是别人，偏偏就是未来的邦联总统杰斐逊·戴维斯。他是除汉考克将军之外，另一个在日后被格兰特当作仇家的人。格兰特在汉考克去世时才原谅了他；至于戴维斯，因斥责自己的父亲，又拒绝恢复他的军人身份，后来更背叛祖国转投南部邦联，格兰特决不会原谅他。

在互通了大量信件以及多次盲目地往返于纽约与萨基茨港间之后，格兰特终于在圣路易斯与朱莉娅团聚。那时，仅仅32岁的他遭遇了失败，找不到任何比先前辞掉的那份更好的工作。他并不能从杰西那里获得实质性的帮助——且杰西也没有掩饰自己对于尤利西斯放弃工作的感想，也没有想要对他、朱莉娅或两个孩子（朱莉娅正怀有第三胎）提供支持，所以他只能被迫听从岳父的安排，接管大舅哥在肯塔基州的部分农田。格兰特靠自己的双手建起了一间房子，他准确地将之称作——或许带有某些自嘲意味——“贫瘠农地”。他在农场上耕田犁地，并种上了庄稼。朱莉娅也适应了这样的原始自耕农式耕作生活——这是杰斐逊身为新兴共和国的骨干时曾梦寐以求的生活。但对那些尝试过的人而言，这种生活却是迫切想要逃脱的，而朱莉娅也没有假装喜欢这样的生活。她将那间房子说成是“粗糙的”——事实上它就是这样的，而对于尤利西斯是否能以农民身份生存下去这一点，她看起来也没多大信心，就算有登特家族的奴隶们的协助也是如此。很快，她的想法便得到验证。奴隶们的出现或许教会了格兰特一些臭名昭著的奴隶式低效工作方法（毕竟努力工作也不能为奴隶们带来什么），但这些都救不了他的农场。格兰特一家辛勤劳动，回报却少得可怜，债务也日益繁重。他们就这样过了将近两年。在这段时间里，朱莉娅又生下了两个孩子，一个是女儿内莉，另一个是儿子杰西（以格兰特父亲之名杰西来命名，但这份情意深长的礼物并不能抚慰老人家的心）。

这一次农民生活的失败，依然不是因为格兰特不够努力，打败他的是农作这门“生意”。他能做好任何农场需要的工作，但看上去，从中获利他却做不到。

从某种程度来说，这并不是他的错。美国的“命定扩张”使得华尔街的影响力扩大，世界树起了高级金融体系，纷纷修起铁路，对杰斐逊式的自耕农、小农场主或是开垦者来说，也都如此。时代需要为美国领土的剧增“承担代价”，此时的美国土地是当初路易斯安那购置案中所获得的土地量的数倍，它需要大量的资金才能在这个银行体系不受监管的国家做到我们今日所说的“发展”。结果，银行业发生危机，而猛降的农作物价格亦摧毁了许多比格兰特精明许多的小农场主。

当格兰特忙于耕种和建造自己的房子时，兼并得克萨斯以及战胜墨西哥这两个事件的结果开始在国内产生影响。此时的美国领土横跨整个大陆，但奴隶问题却依然存在分歧。格兰特夫人对登特家族奴隶的忠诚度和感情或许过于夸大。但人们在奴隶制是否应扩张到西边的新领土这样的热议问题上依然纠缠不清，这激怒了美国人。奴隶制已不再是一个辩论的话题，它演变成了一场战争。

美国北方的废奴主义者动起了真格。哈里特·比彻·斯托夫人撰写了《汤姆叔叔的小屋》一书。它令维多利亚女王落泪，让西蒙列格里[①]成了南方压迫的象征。林肯总统在会见作者的时候说了这么一句话：“所以，你就是那个激起一场大战的小妇人。”美国最高法院对德雷德·斯科特案判决道：奴隶只不过是个人财产，他可以被穷追直至捕获，

① 西蒙列格里，小说《汤姆叔叔的小屋》中的残暴工头。

并将之返还其主人，即便该奴隶身处北方。对这一判决结果，北方人义愤填膺。在美国参议院的议会席上，地位高的议员们以手杖互相鞭打，两党的成员们也开始携带塞缪尔·柯尔特上校所发明的新式袖珍左轮手枪。在堪萨斯州——“流血的堪萨斯州”境内，奴隶制度是否可以或将来是否会扩展至更远的西方，这一问题不再只是纸上谈兵，开始演变成流血事件。

在这样剑拔弩张的社会大背景之下，尤利西斯·格兰特耕作生涯的失败是可预见的。与其他国人一样，他也正怀着震惊而又无力的心情等待着那场暴风雨的来临。他无法预见那一系列突然发生的糟糕事件——在堪萨斯州，发生在废奴主义者与支持奴隶制度者两派之间的谋杀与非法事件剧增。争端在约翰·布朗[①]和他的儿子们的追随者所倾泻出来的可怕的愤怒中达到了顶峰。在波特瓦特米湾，倒霉的农场主们被他们从床上拖下来，死于屠刀之下。在格兰特参与的数场战争获胜之时，美国内战那可怕的导火线便已经点燃。在那里，平原上似乎远远地酝酿着一场雷电交加的暴风雨，唯有耳聋者才听不见那不祥的隆隆声。[I]

当然，这些事件并没有立刻发生，但是它们是噼啪作响的如同点着的导火线。在这将近十年的时间里，两党中

---

① 约翰·布朗（John Brown，1800—1859），美国废奴主义者。1859年，他领导民众武装起义，要求废除奴隶制，并逮捕一些种植园主，解放了许多奴隶。起义遭到罗伯特·李的镇压，他本人被处死。他的死是引发美国南北战争的重要原因之一。

的狂热分子不时以刻薄言语相向，时常会兴奋不已，也会展开杀戮。而论战演变成了真正战争的前兆——或许，对于在农耕和小生意上都栽过跟头的格兰特上尉而言，唯一适合的职业便是在此时得到了最佳的锻炼。在整个美国境内，民兵都在操练着，他们多数是无知、愚笨的乡巴佬，没有制服，有时还会打赤脚。他们自带武装（如果真有的话），装备的也只是 1812 年战争时的武器。如果足够幸运的话，他们还可从民选军官持有的老旧的步兵训练教科书中得到指导。对于康科德和莱克星顿战场上的“一分钟人”（独立战争时立即应召的民兵）——那些离开家庭、离开农场的业余士兵——手持猎枪抗击英军的国家神话，他们怀有坚定的信仰。

* * *

与此同时，格兰特正经历着农耕的失败，承受着巨大的压力。1860 年的夏天，在无奈之下，他只能夹起尾巴，回头向自己的父亲求助。杰西提出的条件苛刻，且不容商议。格兰特一家可以回到伊利诺伊州加利纳住下来，尤利西斯可在杰西的马具皮革店里工作，但要受其弟弟奥维尔和辛普森的监管。

与其他的许多作者一样，F. 斯科特·菲茨杰拉德在《了不起的盖茨比》一书中对格兰特做了这么一番猜测：“他整天在加利纳的杂货店里闲逛”，如同一个典型的、正耐心等待着最高命运召唤的看似普通的美国人。但在格兰特或是其他加利纳人眼中，事情却并非如此。他的薪水微薄，而别人给他发薪水也发得勉强。格兰特一家住在一间小房子里，朱莉娅或许曾将之与怀特港的房子相比，却只得到了更大的不满——一个爱尔兰女仆根本无法替代一群家奴。此外，他的弟弟和顾客们都非常清晰地看到了一点——格兰特身上完全没有优秀销售员应有的品质，甚至连那些否认他偷偷饮酒的极少数的加利纳人也无法不注意到他无趣空洞的表达、缓慢的步调、褴褛的衣衫，并知晓他对马具皮革生意全然不感兴趣。

肩负着债务，身陷于他曾一直努力逃避的父亲的皮革店，看不见任何前途，甚至没有可骑的马匹，格兰特在等待着什么？皮革店里的客人们谈论着新闻和政治话题，而格兰特只是静静地听着，用绳子打包货物，或许偶尔也能做成一单买卖。他没有闲聊的天赋，总将自己的想法埋在心里，但我们还是可以从他的回忆录中了解其想法。他反对墨西哥战争，反对扩张奴隶制度；他认为詹姆斯·布坎南总统是个懦夫，并从民主党离开改投林肯的共和党。最重要的是，他还意识到了彼时很少人能想明白的一点：如果南部州从美国脱离，就将会引发战争；一旦战争被挑起，其中一个结果将会是奴隶制灭亡；且它到来的时候，战场上所流的血将无法预计，将比所有人想象的都多，最终只会以粗暴的武力为终结，而且被杀人数的规模将盖过以往任何一次战争。

亚伯拉罕·林肯当选总统一事，将尤利西斯·S. 格兰特从马具店的柜台里永远地带了出来。4 月 15 日，萨姆特堡炮火打响的消息传到了加利纳，于是，当地国会议员伊莱休·B. 沃什伯恩召开了群众大会。两天后，当地又举行了一场关于军队新兵招募的会议。作为城里唯一的一个西点军校毕业生，格兰特被叫去主持大会，他应允前往。他这么说道："在那次会议之后，我再也没有步入我们那家皮革店，再也没在里面打包或是做其他事。"

格兰特的星光此时虽然尚未绽放，但也已经蓄势待发，它将把格兰特带离加利纳，并将为其带来极少人能体验到的巨大名望。就是这一回，格兰特迈出了坚定的一步。他仍旧穿着他那褴褛的平民衣衫，与加利纳志愿兵们一道自费前往召集地斯普林菲尔德。他拒绝推举自己成为上尉，虽然作为前度正规军的军官，他有资格获得更好的军衔——狡诈与现实主义于格兰特而言是新鲜事物，但或许它们一直都是军队运转的基本条件，如今它们又回到格兰特这名西点军校毕业生、正规军军官的身边，如同他从未褪下军服一般。数个星期来，格兰特都处于过渡状态，慢慢从一个志愿军里的平民变成正规军人，但没有军衔也无军阶。看着加利纳的志愿军，他或许曾发出过与威灵顿公爵第一次在半岛地区看见自己军队时一样的评价："先生，我不知道他们将会对敌人起到什么样的作用。但老天爷呀，他们吓到我了！"他企图游说旧日的上级，但终究无果。他两次拜访在西点军校里结识的乔治·B. 麦克莱伦少校，但都被对方忽略，只留下他在一头等候，且被漠视。他恳求杰西帮自己求情，为他寻一个陆军上校职位。最后，格兰特几乎是偶然之间摸到了正确的门路，他回到加利纳，寻求沃什伯恩议员的帮助。沃什伯恩能看见格兰特身上那些除朱莉娅之外的人不曾发现的闪光点：少有的决心和实战经验。或许，在沃什伯恩眼里，最重要的，是这个加利纳人，将会对帮了他一把的政客抱有感激之情。

7 月 17 日，格兰特带着实事求是的态度回到斯普林菲尔德。这一次，他可以写信告知家里人，他已被任命为上校。

此时，战争即将正式打响。

第五章

格兰特或许已升为上校，但是他依然没有军服和马匹。在他装备好自己之前，机会便已然敲上了他的门。成军于伊利诺伊州马顿的二十一志愿军军官们向州长强烈控诉他们的司令官不仅能力不足，还有酗酒问题。在辨清他们的指责是认真的，且可能是正确的之后，州长便举荐格兰特上校前去顶替其位置。格兰特头戴破旧的帽子，身着皱巴巴的平民衣衫来到这里指挥军团，发现士兵们全都“衣衫褴褛，光着脚”，且无纪律可言。曾笼罩在平民格兰特心头的不确定感和失败感，似乎立刻便被上校格兰特给甩掉了。对军官无礼者，被格兰特绑在柱子上，且如果有必要，他还会将他们的嘴堵上；口出秽言者，一律严惩；且格兰特坚持执行举手礼。很快，二十一军便成为模范军团，但格兰特却还是那样，依然没有制服，没有军事装备，也没有马匹。父亲杰西和弟弟们都不准备在他的军旅生涯上再多花一个子儿。而在彼时，他的岳父则将他认作南方事业的叛徒，且清楚地提出一点，他的桌子上一直都为朱莉娅留有位子，但那里再不会有尤利西斯的位子。讽刺的是，在格兰特成为总统之后，登特上校最终却以永久住客的身份搬进白宫居住，其忠诚的邦联观点亦令人震惊不已。这都是后话。最后，加利纳的一名商人见他可怜，借给他一笔足够买制服和装备的钱。随后，格兰特便带着二十一军奔赴战场。

格兰特率领军团进入密苏里州寻找叛军，特别是托马斯·哈里斯上校，其邦联军正祸害着当地农民，据称他本人也是一个暴躁且好斗的司令官。格兰特锁定了哈里斯军营的位置，并对之发起攻击。数年后，他如此写道，在他带领士兵翻过山上的斜坡之时，“我真想退回伊利诺伊州，但我没有道德勇气去停止前进”。

他很快发现哈里斯及其部下已经闻风逃跑，他写道：“这马上让我想到一点，哈里斯对我的惧怕和我对他的惧怕是相同的。我以前从没有这么想过，但在这之后，我也绝不会忘记。”

自此之后，格兰特常常会这么假设：自己有多畏惧敌人，敌人亦有多畏惧自己。“从那次开始直至战争结束，在面对敌人时，我便再没有恐惧。”

格兰特的回忆录清晰易懂，不仅展示出作者那令人瞩目的文字天赋，还可以从中看出作者十分惊人的记忆力。不过，他依然谦虚无比，所以需要人们仔细地去阅读。他在这里并没有提及恐惧或是血气之勇——在墨西哥的时候，他已然证明了自己的无畏无惧——而是写到了指挥官在战场上的“怯场”。在墨西哥战场上，他从扎卡里·泰勒身上学到了许多。但每一个年轻的军官都会发现，在战场上，发号施令是一回事，而使之得以执行则完全是另外一回事。在那前途茫茫的密苏里州乡村里，他必须壮起胆子下令让麾下士兵应战，带领他们翻过“山上的斜坡”。令他和部下都松了口气的是，敌人已经逃跑了。格兰特自己描述道，这是他作为一个司令官迈出的第一步，他领悟到自己正在做什么，还有他的士兵们将会追随他。这正如阿科拉大桥上年轻的拿破仑，那时的他与格兰特一样毫无畏惧，他也是首次意识到他的部下将会追随他。

格兰特或许也终于感受到了自己的力量所在。他不是不幸的麦克莱伦将军[①]那样的空想者。每一次作战，麦克莱伦都需考虑很久很深，以至于让它胎死腹中——这让林肯总统感到愤怒，埋怨道：“麦克莱伦就是一个拖拉的反面教材。”最后，他终于开口问麦克莱伦，是否可以借走波托马克河驻军，因为麦克莱伦根本就没有在调用军队。与麦克莱伦相反，格兰特是一个行动主义者，唯有调遣军队才

① 麦克莱伦将军，全名乔治·布林顿·麦克莱伦（George Brinton McClellan，1826—1885），美国军事家，南北战争中组建波托马克军团。

能给予他刺激感，空想等于无物。他会去尝试，若失败了，他便尝试另外的路子——他一直保持着向敌人压进的本能。别人问拿破仑他是如何开始一场战斗的，他答道："On s'engage, et puis on voit（首先要投入真正的战斗，然后便见分晓）"。从格兰特的回忆录来看，尽管格兰特非常不喜欢拿破仑，但他们对战役的观点却是相同的：他会先攻击敌人，而后静观变化。从他关于自己向哈里斯发起的那次虎头蛇尾的攻击的描述中可以看出：他终于意识到自己能做得比其他人更好。他有勇气且富有智识，他能阅读地图，就像儿时一样，一旦出发就绝不会走回头路，不会重蹈旧步。军队中有许多司令官都忙着计划如何不发一兵取得胜利，格兰特便找到了方法。他的身上聚齐了所有军事天才应有的品质，而这些品质在墨西哥的作战经历及此前经年累月的失败中亦得到了锤炼和强化。现在，他终于有了将它们付诸实践的机会。当格兰特为抓捕哈里斯率军奔走在密苏里州尘土飞扬的路上时，更大的事件正在斯普林菲尔德和华盛顿上演着，林肯总统急切希望提拔尽可能多的陆军准将，以统帅正处于急速扩张当中的志愿军军队。伊利诺伊州政治家沃什伯恩提出，在这些新上任的将军里面至少要有一位来自他的地盘，并成功地将林肯总统说服。林肯总统从没有忘记过"所有的政治问题都是地方问题"这一原则，他应允让沃什伯恩自行挑选。鉴于格兰特是唯一一个被任命为陆军上校的加利纳人，沃什伯恩便将他定做陆军上校的晋升人选。在格兰特追捕哈里斯之行无功而返时，他在报纸上读到了这么一则消息：自己现在已然是陆军上校尤利西斯 · S. 格兰特了。

仅仅数月之前他还是前上尉山姆 · 格兰特，站在父亲店里的柜台后面无精打采地打包货物。现在，他肩戴着代表陆军准将的单个金星徽章，被部下簇拥着冲入伊利诺伊州凯罗市，在凯罗酒店建立起司令部。任何一个不逊于 W. H. 罗素（著名的伦敦《泰晤士报》战地记者）的权威人士都会将这里形容成一处充满了高温、寄生虫以及苍蝇的地狱之洞。

*　　*　　*

罗素对伊利诺伊州凯罗的兴趣与格兰特相当，这是值得关注的一点。在内战早期，南北双方都相信一场大战将会让对手明了自己的厉害。仅就这一点的话，那么第一次奔牛河战役（南方人称之为第一次马纳萨斯之役）很快便证明了这一设想是值得怀疑的。奔牛河战役在华盛顿视线可及的地方打响（现已是华盛顿的郊区），对北方来说，这一次的落败是极具有毁灭性的。虽然市民们都乘坐四轮马车蜂拥出城观看战事——如同欣赏游行一般，但是欧文 · 麦克道尔将军还是遭到了对手 P. G. T. 博雷加德的沉重打击，他损失了将近 3 000 名部下，失去 27 门加农炮，余下的部队大多溃散而逃。如果乘胜进击，博雷加德或许就可以拿下华盛顿，但这位凯旋的邦联军却与落败的对手一样精疲力尽。

*　　*　　*

这一次的灾难揭露了三个将影响日后战争发展的问题。第一，邦联陆军准将托马斯·J. 杰克逊——最伟大的战争将军之一——首度登场，在奔牛河战役中，当巴纳德·E. 毕将军通过大喊“看！杰克逊像石墙一样屹立在那！”来重鼓士气之时，杰克逊便因此赢得了绰号“石墙”。第二，南北双方都持着这样的观念：发生在华盛顿与里士满中间的狭小地方的这场战争将会而且必须由自己一方拿下。第三，他们开始慢慢地意识到双方都不会屈服于任何一场大战，或许前方还有许多场硬战等着他们去打。

格兰特（和 W. H. 罗素——他曾在克里米亚看到过战争最好的一面和最坏的一面，在那里，他紧随拉格兰勋爵，亲眼见证了《英烈传》里的一切）几乎在第一时间意识到了胜利的关键并不在东边，也不在华盛顿门口，而在西边。[I] 他知道邦联军的弱点在于领域范围大，而不是落后于北方的工业。邦联地域广袤、前线长，他们根本无法用均衡的力量去捍卫线上的每一寸土地，可这正是杰斐逊·戴维斯的打算。戴维斯需要一场大胜，一场足够大的胜利来令林肯震惊，令他愿为商讨和平条约而坐到谈判桌上来。它还可以说服欧洲列强：邦联将会在那里落地生根——不过，戴维斯并不会因惧怕而交出一英寸土地，因为这将打击南方的士气。在西点军校时期及之后的日子里，戴维斯多少也算是一个书虫，可他却忘记了那条老军事格言：“处处要强就是无处能强。”

从凯罗这一座毫无生气、尘土满地的城市看出去，格兰特将目光投向了那些将南部邦联分成两个独立区域的河流。这样看来，南部的心脏位置便袒露于一无反顾的推进攻击之前。穿过密苏里州和肯塔基州之间的边境州向前压进，联邦军可行至田纳西与密西西比附近，而这一推进可以经由水路而不是陆路。这一次胜利将切开邦联领域，使其宽广的、防守差的西部边界暴露于人前，令联邦军能够对南部腹地形成威胁。在西点军校里，格兰特或许没有花许多时间阅读军事策略书，但他阅读地图的能力比他的许多战友都要强。他已然从凯罗望见取得胜利的光辉之路，一切于他而言都如囊中取物。

罗素同样看到了这一点，因此他将注意力投在了凯罗；而更重要的是，在凯罗东边一千英里开外的地方，亚伯拉罕·林肯也从骨子里意识到了这一点——毕竟，他是伊利诺伊州本地人，年少时曾多次往返于主要河流之间。林肯因此心神不安，他意识到麦克道尔一直走着错误的路线，甚至连斯科特将军也是错的，而当麦克莱伦发起进攻之时也将会犯错；于是他将眼光投向西方，寻找一名能理解自己内心想法的将军，帮他实践一场别开生面的战争。

但是眼下他根本找不到这样的人才。彼时，格兰特的顶头上司是浮夸少将约翰·C. 费里蒙特将军。费里蒙特提出了西部开发政策，因而被人称作“探路者”。他是一名政治家，一位有名望的将军，可同时也是一个外行。他有家产和魅力十足的妻子，从不掩饰自己想当总统的野心，这使他得不到林肯总统太多的信任。他忙于与记者攀谈，无暇顾及格兰特 —— 他几乎不认识这个人。所以，对于格兰特带着他的兵马从凯罗出发跋涉四十英里，赶在邦联军到达之前拿下肯塔基州帕迪尤卡一事，他根本无从阻止。帕迪尤卡本身并不是很大的战利品，但从地图上看，田纳西和坎伯兰这两条河都在帕迪尤卡附近流入俄亥俄州。联邦军沿两河往上推进便可以深入田纳西的中心地区。[①]

邦联军同样能看懂地图，他们已经建起了两座坚实的堡垒，并布置了大量的兵力驻守，其中亨利堡用于守卫田纳西河，唐纳尔逊堡则用于守卫坎伯兰河。对邦联军而言，拿下帕迪尤卡将强化他们的阵地布署。然而他们所派去的军队却无功而返，因为他们发现格兰特已然占据了这里。格兰特未发一枪便打开了一条通往南边的小路，还向帕迪尤卡的平民们发出一则带有敬意且表达清晰的宣言以镇定民心，表彰他们的明智选择。“我来到你们的身边，”他写道，“我不是敌人，而是你们的朋友，是同胞。”据报，当林肯总统看到这则宣言时曾说道：“能写出这样文字的男人，就是西方战场指挥官的合适人选。”

在格兰特发出那则令人宽心的宣言之后，费里蒙特紧

① 原文注：事实上，由于地形原因，两条河流都是流往北方。我用“往上”一词，是因为虽然他是往南推进，但他会逆流而上。

接着又发出了一则令人十分震怒的宣言，他威胁将掠夺邦联军拥护者的奴隶以及财产，且将对所有未穿制服但身上携有枪支的人开枪。在林肯试着拉拢这一人群时，这是最能让“边境州”居民背离联邦事业的态度。总统于是要求费里蒙特撤回宣言，却遭到断然拒绝。因此，费里蒙特被撤除指挥官之职，他的总统梦也随之破碎。

格兰特由此不再活在费里蒙特的阴影之下，他的名号开始亮堂了起来——至少在白宫里是这样的。当谈及格兰特的酗酒问题时，林肯或许未曾说过：“告诉我格兰特喝的威士忌的牌子，我要给我的其他将军各送去一桶。”但他确实曾对一个批评格兰特的人说道：“我没法不起用他——他会打仗。”

格兰特很快便会证明自己不仅擅长打仗，且能够快速行军。与此同时，随着费里蒙特势力的崩塌，格兰特发现自己身处密苏里军区司令官亨利·韦杰·哈勒克[①]少将的统帅之下。在那之前，哈勒克最关心的并不是邦联军，而是如何摆脱费里蒙特，并在人数上保持对竞争对手唐·卡洛斯·布坎尔将军（俄亥俄军区司令官）的优势；格兰特甫一出现，便被他视作新的威胁。哈勒克的部下都称他为“老智囊”，对关于格兰特的事迹的传言，他全然不喜欢也全都不相信。他非常谨慎，会因激动而睁圆双眼，为人坦率，

① 亨利·韦杰·哈勒克（Henry Wager Halleck，1815—1872），美国陆军少将，曾参加美墨战争，南北战争时期担任联邦军高级将领。

可以很快提出批评却无法迅速做出决策；他还是一位终日伏于案前工作的将军，是阴谋家，爱说长论短，许多格兰特酗酒的故事便是由他这里传出去的。在一段时间里，哈勒克曾是格兰特“bête noire（最讨厌的人）”——在格兰特最终拿下胜利的时候，他便会发现，当他忙于战斗之时，哈勒克是一个能够照管好华盛顿事务的有用之才。哈勒克有许多长处，他注重细节，有管理能力，热爱文书工作，深谙敌人的行事方法，这些大多都能弥补格兰特的不足。

此时，第二个走进格兰特生活并使之立刻发生变化的人是约翰·A. 罗林斯（Rawlins），他以副官身份加入了格兰特的阵营。格兰特与他并不相熟识，在一段时间里，他还将其名字写成了“Rollins”——但其实罗林斯本身也是加利纳人，事实上，他还一直是杰西·格兰特皮革马具店的代理人。

罗林斯接管了格兰特手头那杂乱无章的文书工作——格兰特本人在这方面可是一点天赋都没有。此外，他从一开始便扮演着格兰特的“éminence bleue”角色——他是顾问，是格兰特的护身盾，还是传声筒。罗林斯个性粗暴，难以讨好，甚至满口脏话，不会因为要拒绝别人而感到为难——这一点与格兰特截然不同；最重要的，他还是一个热诚的、直言不讳的“禁酒主义者”，拒绝所有酒精。罗林斯是一个天生的追随者，他一生下来就在寻找可追随的人，最后他发现这个人就是格兰特。禁止格兰特沾染酒杯成了他的任务，实在阻止不了的时候，他便会把格兰特藏在人们看不见的地方。罗林斯如同忠实的守护犬，凶猛十足，对主人绝对忠诚，全情投入地保护格兰特，甚至不让他伤害自己。

有罗林斯留守，保卫侧翼阵地，格兰特便立即奔赴战场。哈勒克下令让格兰特到贝尔蒙特“露个面”，让邦联军认识一下格兰特军，以威慑对方。贝尔蒙特是密西西比河边上的一个邦联军阵营，位于凯罗下游二十英里处，正对着密苏里州哥伦布市。格兰特先于哈勒克命令而行，他率领 3 000 兵士乘船沿河直下，并决定对敌方发起攻击，而不仅是“露面”。他登陆上岸将邦联军逐出防御工事，并在遭遇兵力强劲的反击时快速折返。格兰特捅了马蜂窝，且非常幸运地策令全军登船逃离。

格兰特是最后一个离开的。他冒着敌人的枪林弹雨，沿着几乎成直角的峭壁策马直下，最后从一块狭长的木板登上候着他的甲板——这又是特技演员会在电影里面上演的一幕。格兰特进入自己船舱的那一刻，一颗子弹正好穿过船体，打在他正要躺下去的枕头上。他必然已经感受到自己身上有着某种使命感，而在贝尔蒙特，甚至可能在墨西哥之时，他已开始察觉到自己身上的指挥天赋。他看上去并不畏惧风险，几乎不知道什么是危险。不管什么事情，他都会安静且稳妥地将之一一完成。

格兰特将“露脸”变作两栖登陆，攻打兵力比自己强的敌军。哈勒克为此勃然大怒。但格兰特凭借着自己新近获得的公共关系意识，也或许是罗林斯的精明建议，他决定将这一次的行动称为“突袭”。如果它是一次进攻，如同邦联方面所称的，那么格兰特最后是遭到抵抗而撤退了；但如果说这是一次突袭，它便是格兰特无畏的表现，也是一次成功的行动。哈勒克虽抱怨，且没有上他的当，但还是接受了这样的解释，不过这一次的行动并没有增强哈勒克对他的信心。

两人进行了一番相当尖刻的对话，而后哈勒克还向华盛顿当局透露了格兰特可能长期酗酒的消息。在那之后，哈勒克尽管不太情愿，但也同意他的这名冲动下属前去进攻亨利堡——邦联军用于守卫田纳西及坎伯兰河的两处堡垒中较弱的一个。哈勒克当然希望能够借此盖过布埃尔将军的风头。此外，他还猜想这能让格兰特忙上一阵子——但他或许是错的。

仅在肯塔基州路易斯维尔市南部，布埃尔就统率有 4.5 万名兵士，且他一直打算于未来某日进攻纳什维尔。哈勒克麾下有 9.1 万名兵士，他的目光从未远离过华盛顿，他当然非常希望能赶在布埃尔之前攻下纳什维尔。布埃尔的军队已经全面铺开，但他并不急于下令行军；哈勒克肯定觉得只要是在布埃尔之前，在纳什维尔的大方向上，派格兰特去走一些小岔路也没什么坏处。

格兰特没有丝毫犹豫。他如同 80 年后的隆美尔将军，并以隆美尔偏爱的“mit blitzartiger schnelle（德语：快如闪电）”方式风驰电掣地发起攻击，出乎意料地将邦联军拿下。格兰特跟随炮舰队沿田纳西河南下——这支舰队由海军司令安德鲁·弗特率领，原本是为运送布埃尔军而组建，但直至彼时，它仍在原地等着布埃尔出兵。

继抢先“占有”布埃尔的舰队之后，格兰特又娴熟地抢在布埃尔之前成为焦点人物。他即将从敌方邦联军处得到一份意外的援助。格兰特虽然不喜欢拿破仑，可他却将再次证明这位君王是对的。据说，当别人问及最喜欢哪种类型的将军时，拿破仑是这么回答的：“幸运的。”是的，运气终于将降临到格兰特身上了。

虽然，邦联军先于联邦军意识到了由北流入俄亥俄州的河流的重要性，但在防御堡垒的选址上受到了些阻碍，他们并不愿意过于深入肯塔基州。因此，防御堡垒便建在了前途渺茫的地方。或许杰斐逊·戴维斯和A. S. 约翰斯顿在西点军校的防御工事课上都曾打过瞌睡，又或许他们忘了阅读沃邦[①]的防御经典著作。他们将田纳西河边上的亨利堡建在了低地上——能够被炮舰炮轰的地方。随后，邦联军又犯了另一个典型的错误。为了强化亨利堡，他们在其对面，也就是田纳西河的西岸建立了支援堡垒海曼堡。这回虽位于高地，但驻兵人数却非常少。

要是戴维斯和约翰斯顿在西点军校里曾多花点精力去阅读沃邦的著作，他们将意识到以弱势堡垒去强化劣位堡

---

① 沃邦，即塞巴斯蒂安·勒普雷斯特雷·德·沃邦（Sébastien Le Prestre de Vauban，1633—1707），法国元帅，著名的军事工程师，路易十四的防御工事建造者。其筑城理论体系对欧洲军事学术影响十分长久，著有《论要塞的攻击与防御》《筑城论文集》等。

垒的做法有多荒唐。格兰特立刻从中看到了机会。他命令准将查尔斯·F. 史密斯在田纳西河西岸，距海曼堡两英里处的地方登陆——史密斯是一个粗暴、能干且“技术娴熟”的士兵，碰巧也是格兰特西点军校的总教官。邦联军司令官见状立即弃堡而去。亨利堡由此暴露在弗特的炮艇攻击之下，格兰特即刻率军由陆路包抄。于是，亨利堡同样遭到遗弃，其 2 500 名戍卫士兵跨越泥泞且崎岖的乡下前去与坎伯兰西岸的唐纳尔逊堡部队会合。

史密斯本人看起来也希望摆脱西点军校的教师职位，投入真正的战争。格兰特抓住机会，派史密斯前去摧毁田纳西河上的连接孟菲斯和俄亥俄州的铁路桥。这有效地挡住前来的邦联军。而后，他也率军出征，顶住寒冷的天气，踩着厚厚的泥土，分两路包抄唐纳尔逊堡。

2 月 4 日，格兰特拿下海曼堡；6 日，他攻下亨利堡；在 14 日之前，他已使唐纳尔逊堡将近 2 万名戍卫士兵投降。2 月 15 日夜到 16 日，格兰特的左翼部队在史密斯的带领下，刺穿了邦联军的严密防御，邦联将军约翰·弗洛伊德和吉迪恩·皮罗脱逃，将指挥权塞给倒霉的巴克纳；16 日，在著名的信函往来之后，巴克纳向格兰特军投降。[II]

就这样，格兰特仅用 12 天便打开了通往田纳西州的道路，捕获的邦联俘虏和拿下的枪炮战利品为开战以来之最多——事实上，这也是迄今为止，北美洲历史上最大的一次投降，而这一次也是内战中联邦军方的第一次重要胜利。现在，格兰特军离纳什维尔仅剩 70 英里。短短几天内，这一消息便通过电报传至北方，格兰特将会被媒体颂赞为国家英雄，并荣升志愿军少将。

格兰特是个烟民（当他买得起烟时），所以仰慕他的市民们便送去了一箱箱烟草——这股烟草之瘾也将伴随他的一生。后来，他与弗洛伊德、温斯顿·丘吉尔一样，烟瘾变得极大，照片之中的他极少有香烟离手的时候；最后，正如弗洛伊德，他也死于自己的嗜好——罹患咽喉癌。

可是于1862年的他而言，这一切都尚在遥远的未来。这一份成功的果实格兰特并没能享用多久。就在他升作二星准将后不久，格兰特再度陷进了困境。布埃尔仗着格兰特先前取下的胜利终于出师攻占纳什维尔，而格兰特亦随其后到达那里。彼时，格兰特已被任命为“西田纳西军事部门指挥官”——这一头衔的含义虽模糊不清，但暗示着一点：他是布埃尔的上级。这惹怒了哈勒克，他肯定觉得自己制造出了一头怪物，于是向华盛顿特区的新任总指挥官乔治·B. 麦克莱伦投诉，格兰特在纳什维尔战中不听从他的指挥,行动前也没有请示自己,且可能再度开始酗酒(麦克莱伦接替生病的斯科特成为新任总指挥官，格兰特曾两度在其等候室内等待会面，但全都无果）。麦克莱伦回电给哈勒克，说他应当“毫不犹豫地拘留格兰特”。可此时的哈勒克却满足于C. F. 史密斯将军指挥的田纳西推进行动，所以，他只是命令处于动摇中的格兰特留在亨利堡，等待进一步的调查。

后来，格兰特终于找到方法抚平哈勒克的怒气，而关于他酗酒的谣言也被罗林斯终结——虽然这些谣言很可能是真的——1862 年 3 月，格兰特继续率领 4 万士兵向南方征进。对于这一连串错综复杂的剧情，史密斯看似冷静地全数接受，且他也非常高兴地放弃了自己从未渴求过的指挥权——在西点军校里，格兰特并非自己的得意门生。但如今，史密斯似乎已经看到了格兰特的卓越领导才能。此时，格兰特麾下拥有两位不同寻常的角色，一位是威廉·特库姆塞·谢尔曼，虽然他暂时还不太招人喜欢，且被许多人当作精神错乱者，但他很快便会成为联邦将军中的佼佼者之一；另一位是鲁易·魏利斯，未来的《宾虚》作者以及新墨西哥州州长，在完结“比利小子”案件中他也将起关键性作用。

哈勒克最终设法取得了这一区域的总指挥权，并制定了一项计划：布埃尔和格兰特（当他恢复指挥官职位之时）向南方进发，于田纳西河上的匹兹堡港会合，整合两方兵力后朝孟菲斯市进军。可是，这一计划几乎在当下便被布埃尔的拖拉给破坏了。或许这是因为布埃尔还没有原谅格兰特抢先占用舰队的行为，而且他对格兰特在占领亨利堡一役后成为焦点一事无法释怀。他并没有与格兰特同时到达匹兹堡港。格兰特只能独自面对由 A. S. 约翰斯顿将军以及 P. G. T. 博勒加德将军所率领的兵力更盛的邦联军。

格兰特是否酗酒仍是个谜，但此时的他显然没有拿出最佳的状态。或许与哈勒克的争执和暂时失去指挥权动摇了他的信心，或许因为朱莉娅·格兰特仍在南下与之会合的路途之中，又或许他对布埃尔能否及时前来救场心怀忧虑，最可能的只是因为罗林斯将注意力放在了别的事情上，格兰特因而又喝起了威士忌酒（在双方部队中，威士忌从不会短缺）。不管出于何种原因，格兰特将麾下兵力零散地布置在田纳西河南侧，却将自己的司令部设在匹兹堡港下游九英里处，位于田纳西河北侧的萨凡纳。这意味着他每天都要乘坐内河轮船往返于两岸之间。之后，他声称自己正焦急地等待着布埃尔的到来，对方曾应允在萨凡纳与自己会合。可这听起来并不太可能——他或许曾给布埃尔留言，让他抵达后立刻奔赴匹兹堡港，同时也有这样一丝可能：格兰特不想给军中的人看见自己喝醉，他并不想冒这个险。不管怎样，他似乎并不知道邦联军正在科林斯汇集，并率军直逼匹兹堡港，企图将格兰特军撵入河中。

4 月 5 日，周六傍晚，格兰特军收到了第一个预警——数千只兔子和鹿惊慌逃窜，明显有某种东西从树林中驶过，这一信号很快便传遍了整个联邦营地。跟在这些逃窜动物后面的是 4.1 万多名邦联士兵，他们从科林斯出发，现已到达联邦防线两英里范围内。那天晚上边防部队与邦联军散兵几度激烈交火，但似乎没有人费心去告知九英里开外的格兰特。而在临睡之前，他还轻率地给哈勒克发了这么一封电报：“我几乎感觉不到一丝袭击将至的气息。”仅仅在数英里之外的地方，约翰斯顿打消了博雷加德对己方处境的顾虑，他这样说道：“就算对方是百万大军，我也会与之战斗！”

如其所言，在黎明时分约翰斯顿率全军向联邦军发起攻击。此时的联邦军要么刚刚睡醒，要么在冲泡咖啡。约翰斯顿以持续的猛击将格兰特军杀了个措手不及，连格兰特本人也十分惊讶。交火声传来之际他正吃着早餐。在仍无法得知布埃尔以及其2万兵马所在位置的情况下，格兰特一拐一拐地登上了汽船——数天前，他从马背上重重地摔了下来——出发前往匹兹堡港。他在克朗普港（先前他欠妥地将鲁易·魏利斯安排在此）稍作暂停，下令魏利斯带兵前往匹兹堡港。可是魏利斯与格兰特一样所知不多，他走上了一条错路——这使得格兰特瞬间少了5 000兵力。而后，他又朝着不断变大的重炮声方向推进，在随行人员看来，他的脸上明显写着担心和几丝困惑。

越是走近，格兰特越发清晰地知道自己错得有多离谱。接近中午时分，格兰特终于抵达匹兹堡港，从河中，甚至从他曾登陆过的河岸看过去均一无所获。在无烟火药还没有发明的年代里，整个战场都被裹在厚重的沙烟里，不管从哪个角度看，格兰特都只能看见一大片似乎无法通过的矮树丛和次生林，数千名恐慌的联邦士兵从中退出，有的持有武器，有的手中空无一物，全都朝河边挤来。

此时格兰特意识到自己落入了约翰斯顿的圈套，于是他再度镇定了下来。在滑铁卢战役前，威灵顿曾对自身处境评价道："天啊，波拿巴骗了我！"格兰特在这一刻可能也会有与他同样的感受。当时的威灵顿需靠自己撑上一整天，直至布鲁彻尔带领普鲁士士兵前来支援；如今的格兰特也一样，在布埃尔加入队伍之前，他只有自己守住这一丝丝的希望。而由于身处粗糙不堪、树木繁茂的乡村地区，格兰特的骑兵团根本没有用武之地，溪流还将他们分成了两拨。格兰特命他们去搜寻掉队的联邦士兵，将之带回军队，以填补战阵的空缺。随后他又派信使前去寻找布埃尔，而他本人则继续前行，以更近距离地查看军情。可是他眼中所见的一切，没有一点是振奋人心的。日后他将如此评价这一切："死尸层层叠叠、密密麻麻，根本下不去脚，要在这样的地方前进实在是步履维艰。"而且根据所有的史料来看，他的左翼军正被逐步逼回河里，邦联军一点都没有放慢脚步的意思。

到了中午，持乐观看法的谢尔曼传回了较为令人振奋的消息；下午一点，布埃尔本人终于现身，并与格兰特在汽船上会面。格兰特催促布埃尔立即行动，这一次布埃尔快速地行动了起来。当天傍晚，在联邦军猛烈的炮击和近身搏斗的阻挠之下，邦联军的进攻速度慢了下来。此时的格兰特并不知道，不过，幸运之神再次眷顾了他。邦联将军 A. S. 约翰斯顿大腿中弹，但他只当成小伤没有加以重视而继续带兵快速推进。当部下最终将他从马背上扶下来，脱下他靴子才发现里面已然淌满鲜血。此时，抢救已经太迟了，约翰斯顿终因流血过多丧生战场。于是，指挥权交到了博雷加德的手中——在一开始，这名将领就不看好约翰斯顿的突袭行动。

约翰斯顿死后，格兰特军乘坐的汽船终于摆脱了邦联军的追击。在这可怕的一天结束之时，他们又迎来了一场猛烈的暴风雨。格兰特躲进战地医院避雨，但他无法忍受这里的淋漓鲜血、伤员和将死之人发出的尖叫声、哭声（这是制革厂给他留下的阴影），他转而来到树下避雨。谢尔曼在黑暗之中找到他，眼前的格兰特正一边叼着烟一边用小折刀削着木棒，帽檐压得很低，盖住了眼睛。据说，谢尔曼对他说道："格兰特，我们度过了魔鬼般的一天，不是吗？"格兰特并未停下手中的动作，也没有抬头，他说道："是的。不过，明天就是他们挨打之时。"

这一句话于隔天得到了应验。次日早晨，格兰特发起攻击——此时，他终于召齐了布埃尔的2万兵马以及魏利斯的5 000兵马（《宾虚》的作者终于踏上了真正的征战之途）。格兰特将邦联军逼退，到了黄昏时分，敌方撤回科林斯。夏洛战役是彼时美国境内最大的战役，死伤以及失踪的士兵人数将近3万。在这场战役中，被杀的美国人的总数比先前所有的美国战争——包括独立战争、1812年战争，以及墨西哥战争——加起来还要多，这一冷酷的统计数据令南北两方都为之震惊。

于格兰特而言，夏洛并非将军生涯中最完美的一役。但至少他没有畏怕约翰斯顿的意外突袭，没有被战争的猛烈程度吓倒；伯恩赛德在弗雷德里克斯堡战役以及胡克在塞勒维尔战役中也将有同样的表现。虽然，格兰特不明智地分散了自己的兵力，遇事反应慢，到达战场也不够及时，但只要身在那里，他便无畏无惧。他站在自己的阵地上与人数占有优势的敌军搏斗，而且最终赢得胜利。

不管怎么说，这一次虽然取得了胜利，他还是被卷入了不绝的批评与辱骂声中。当媒体获知夏洛战役的阵亡者名单之后，各种传闻随即甚嚣尘上——格兰特被别人逮到正在打瞌睡，其兵力部署不当，因喝酒而导致领军无能。报纸与国会议员呼吁为此展开调查，而哈勒克为批评声所动摇，并没有试着去为格兰特辩解。

格兰特没有为自己辩护——也许是听从了罗林斯的明智建议——他像阿喀琉斯一样沉默地待在自己的军营中。虽然他曾半玩笑般地考虑过辞职，但在与谢尔曼谈过之后他便丢掉了这一想法。这一场暴风雨及时地平息了下来，最主要是因为林肯从未对格兰特丧失信心，还有部分是因为人们渐渐明白了夏洛战役尽管血腥无比，但始终是一场胜利，要想赢得战争不可能没有牺牲。

杰西·格兰特为儿子受到指责一事感到愤怒，并向报纸寄去言辞激烈的信件为之辩护，格兰特知道后，给父亲写了一封语气坚决的信，清楚地指出他现在已经长大成熟了。“在这个世界上，任何一个敌人给予我的伤害，其伤害程度都比不上你替我发出的辩护。我不需要辩护者，为了我好，请不要管我了……对已然发生的事情，做什么都无法修正，但为了将来，请在这一事件上保持沉默。”[III]字里行间无不透露出格兰特写这封信时的满足感。

格兰特被降为哈勒克的副指挥官，他郁郁寡欢地跟着哈勒克，缓慢、曲折地朝密西西比州科林斯推进——哈勒克离开办公桌后，一直以蜗牛般的速度前行——直至哈勒克被调到华盛顿，代替麦克莱伦成为新的总指挥官，格兰特才得以取替哈勒克，成为西部联邦军指挥官。事实上，总指挥官这份工作，或许正是为哈勒克量身订制的，他将比麦克莱伦更为胜任。

现在，格兰特终于获得了指挥权。

第六章

就在格兰特得到自己所求之物或是表现出想要的意愿的时候，他又一次陷入了人生中的周期性低潮。1862 年秋，哈勒克远在华盛顿，而格兰特则深入密西西比。公众对于夏洛战役的愤慨开始慢慢平息，转而关注发生在东部的一系列耗资巨大、却耻败于罗伯特 · 爱德华 · 李将军之手的战争。格兰特夫人重回丈夫身边，甚至有传言格兰特将被提拔为正规军少将，而非仅仅是志愿军少将（这传言很快便会成真）。另一方面，格兰特发现自己如今已是军事指挥官，统领范围几乎等同于西欧，伴随而来的社会、政治以及军事难题，或许就连恺撒大帝也会为之却步。格兰特只是还没准备好，这样的说法已然算作委婉。毕竟，他此前所做过的管理工作只不过是温哥华堡一个小驻防部队的军需官，以及在父亲的加利纳店里的办事员，负责包装商品——这还是在弟弟的监管之下进行的。格兰特手下的将军们看起来并不太确信自己是否归格兰特统帅，这或许导致了爱德华·O. 奥德及罗斯克兰斯两位将军在密西西比州的卢卡向老谋深算的邦联将军斯特林·普莱斯发起的攻击战，以及罗斯克兰斯在科林斯市的防卫战。两次行动都成果寥寥，伤患却有不少。格兰特因此非常沮丧。

格兰特学东西很快，但不一定是个快乐的“学生”。如何战斗和如何指挥将军们去战斗完全是两回事。当格兰特欣喜于摆脱哈勒克控制的同时，他并没有足够地成熟到可以像做好原有职责一样接替哈勒克的工作。华盛顿高层希望他能拿下战争，他确实做到了；但如今华盛顿高层期望他同时也能够担起军事指挥官的角色，处理好复杂的政治难题——先前他展示给美国的几乎全是关于征服敌军的作为。如同身在北非或法国的艾克一般，格兰特本来或许也能成为集政治家、管理者、外交家和将军于一身的多面手，但对他而言，这其中没有一项事务能如战斗一般得心应手。不必惊讶，这一次他又以犯错开头。

这从格兰特下达的那项声名狼藉的 II 号军令——将所有犹太人驱逐出他的管辖区域——的内容中就能够判断出来。当时，不少北方商人随军南下密西西比河，从战败的南方人手中以最低的价格购买棉花，通过与敌军的交易而牟利。格兰特对此愤怒不已，这一点都不难理解——与买卖、金钱有关的事情总是会刺激到格兰特，因为这门“课程”对他来说就是一本解不开的天书。他坦然面对自身的这一短处，也不对任何形式的买卖交易抱有希望。而此时格兰特身边便围绕着众多熟谙此道并可以从中获益的人，他必然难以忍受这样的事实。尽管这些商人中还包括了他的父亲——精明的老流氓杰西·格兰特(与犹太商人合伙做生意)以及数名登特家族的成员，但这些人还是不能改变他的想法。当格兰特失控发怒的时候，他的怒气就如火山爆发一般，但多数不会长久。所以，当II号军令传到林肯耳中时，它已然被迅速撤回。有人指出，格兰特的这一想法源于他的部下，很可能就是出自无所不在的罗林斯，他告诉格兰特，格兰特反对的商人中大多数为犹太人。但这一军令似乎更可能是因为格兰特受其所在时代的美籍盎格鲁撒克逊人的影响，在涉及商业买卖的问题上，在潜意识里就是反犹太人。于是，当最终发火的时候，他将怒气撒在了犹太人身上，而非自己的父亲或姻亲。这事要是发生于现在，我们将称犹太人为“替罪羔羊”。

* * *

无作为以及过多的责任令格兰特难以适应，下一步棋应如何走依然是他众多问题中的一个，但是还有更坏的事情正朝着他走来。到那时为止，格兰特尚且可以用“林肯总统对自己怀有信心”的想法来自我安慰，但接下来所发生的两件事却让他对这一想法产生了怀疑。第一，战争部长埃德温·斯坦顿代表林肯总统派著名的、受人尊重的新闻人查尔斯·A. 达纳前来调查格兰特，要求达纳确认敌人口中盛传的格兰特酗酒的谣言是否属实。虽然事实将证明达纳看好格兰特，且他上交华盛顿的报告于格兰特是有利的，但这仍无法舒缓格兰特的紧张情绪——因为他知道自己现正处于某位深受战争部长及总统信任的人的监控之下。

第二，他发现林肯一直将准将约翰·A. 马克克拉南的话记在心里。这名伊利诺伊州的老乡、政治家及业余将军曾向林肯提议，增补一支新的志愿军队以助攻密西西比的维克斯堡。他还得到了林肯的密令，暗中推进此事。

坐在办公桌后与犹太人的棉花买卖做着斗争的格兰特也会时不时惦念维克斯堡。因为只要是手持密西西比地图的人都能清楚地看到，这是打通河流、割开邦联军防线的关键。早在 1862 年，海军便已拿下新奥尔良市，向邦联军发起了一系列攻击。然而维克斯堡位于高耸的悬崖，俯瞰密西西比河的一个急弯，直线距离新奥尔良市 166 英里，且一直被邦联军握在手中，河道上的交通因此也被有效地封锁住。维克斯堡素来设有防御工事，它既有数量众多的重炮守护，又占据着有利的地理优势——它位处高地，而缓慢流入密西西比河的亚祖河那泥泞的低地沼泽又令北路的进攻变得困难重重。

马克克拉南是精明的政治家，却又是平庸的志愿军将军，攻占维克斯堡的计划一直难以落定；但他最大的软肋还在于林肯密令中的一项例外条款——他只能在格兰特不需要的那些兵士中组建自己的部队。马克克拉南所带来的威胁令哈勒克与格兰特再度团结起来，甚至变得亲密无间，因为他们谁也不愿意看到，身为总统朋友的政客做到了专业军人做不到的事情。因此，维克斯堡骤然间变成了格兰特关注的重点。

当然了，这或许从一开始就是林肯的意图所在。作为一名精明的政治家，他可能一直利用马克克拉南来激起格兰特心底的火，同时，这或许也是他对 II 号军令的斥责；又或许，在林肯看来，要拿下维克斯堡正需要这两种不同的、相互抵触的策略——除二战时期的温斯顿·丘吉尔之外，在运筹将军这一点上，再没有人能够超越林肯。不管怎么说，格兰特肯定会宣称他需要调用所有军力，并没有多余的人手可借予马克克拉南。在马克克拉南返回华盛顿向总统抱怨此事之时，格兰特已毫无悬念地身处维克斯堡。

*　　*　　*

与此同时，格兰特必须抵达维克斯堡。纵观战争史，就连汉尼拔乘象翻越阿尔卑斯山，其征途中所遇的难题亦不及格兰特征服维克斯堡时多。就拿 1944 年的“霸王行动”来说，英、美、加拿大三国联军登陆诺曼底，他们运用了大量惊人的先进工程技术来配合这一行动，到头来也只是死胡同；再比如，1916 年到 1918 年，英法联军试图从西方防线突破德军防线，他们所投入的军力史无前例，只为穿越那看似专为放慢、制止进攻脚步的地域。泥土、雨水、泛滥的洪水及宽大的河流，全都阻挡着格兰特军抵达维克斯堡。最后，格兰特走了自己职业生涯中最大胆无畏的一步，最终成功地寻得了胜利之途。虽然李将军以卓越的策略闻名，但格兰特用于维克斯堡的策略同样令人震惊。他大胆无畏，且他对现代工业技术在战争中所起作用的理解也帮了他一把。但反观李将军，他甚至从不试着去理解它。

为了夺取维克斯堡，格兰特起用蒸汽铲、蒸汽动力挖泥船、铁轨以及蒸汽动力装甲炮舰。同时，他的将士也摇身变成庞大的劳动人群。因为在这时，铲子和铁镐的作用远比来复枪重要。最后，格兰特旗下募得将近 7.5 万名兵士共同进攻维克斯堡，其中大部分人都是一边行军一边一点点地挖铲出脚下的淤泥。

维克斯堡坐落于密西西比河上方两百英尺的悬崖上，俯瞰河流东岸，且它与河流相交的地方是一处 U 形急弯，因而联邦军的重炮只能从河里发起攻击。大卫·波特上将依仗麾下的装甲炮舰和坚决的进攻或许可以溜过城镇，但他们丝毫无法伤及邦联军的枪炮，因为身处河里的士兵们根本无法向上攀爬触及悬崖的顶部。

从北面南下，经由陆路进攻维克斯堡这一策略，因亚祖河的存在而宣告不切实际——它与密西西比河交汇处有一处大得几近不可思议的沼泽地。若从东岸——即亚祖河下方、维克斯堡上方、契卡索陡岸之上——登陆的话，联邦军或许会有成功的希望，至少谢尔曼和格兰特共同研究地图的时候是这样认为的。不过那时候的谢尔曼乐观异常，认为大多数事都是可行的。最后，他们决定由谢尔曼率领部分将士（约 2.5 万人）乘坐波特的汽船，在契卡索陡岸登陆并于原地等候格兰特。而格兰特本人则计划带上大部队（4 万多人）经由内陆快速朝南方进攻，夺取密西西比州杰克逊市，而后朝西面进军，与谢尔曼军会合。

显然，这一计划的目标与其说是针对手头拥有约 3.2 万人马的新任邦联司令官约翰·C. 彭伯顿，还不如说是指向了马克克拉南，一位听从了林肯“密令”，已然行军于途中，且渴望获得密西西比河区域联邦军指挥权的将军。事实上，他们的这一计划必然遭遇失败，因为格兰特又犯下一个典型错误 —— 分散兵力。在邦联军狙击格兰特在内陆的供给点之后，他的战略要点也变得据守无望；然而谢尔曼对其撤退的消息却一无所知，仍旧向契卡索陡岸发起攻击，结果遭遇惨败。至于欲顶替谢尔曼甚至格兰特位置的马克克拉南，在格兰特的快速回位后，也无法得到整体指挥权。

彼时已是 1863 年春，在如何由北路夺取维克斯堡的问题上，联邦军已然花费了一个月的时间，但是，除了徒增伤员、马克克拉南的受挫心理之外，军队一无所获。显然，格兰特必须得筹谋出自己的办法来靠近维克斯堡了。

于是，他再次研读地图，发现亚祖河和密西西比河在过去曾是相连的，人们在其间建起了堤坝以分隔两河，预防洪涝。若将堤坝击垮，波特或许将能率领炮舰队和汽船队由水路狙击维克斯堡后方。需要解释的是，邦联军方面也在维克斯堡的策略上犯了错误。在80年后，英军将会在新加坡犯下同样的错误。新加坡驻防英军将重炮架设在朝海的一面，以炮轰海上敌军；然而城市接陆的一面却毫无防备。邦联军同样如此，维克斯堡的火力也集中于防卫来自北面河域的攻击。而维克斯堡的“后门”却轻于防守，只要截断公路或是杰斐逊市与此相通的铁路线，城内驻兵及居民将完全失去粮食供给。

联邦军费尽九牛二虎之力终于将堤坝轰断，可邦联军在这之前便已经有足够的时间、充分的预警在高地上建设堡垒，防止炮舰攻入。在这一堡垒的强力炮轰之下，格兰特军被逼回原地，又回到了密西西比河中。

接着，格兰特又试着经由河口朝下方进击维克斯堡的后翼部队，却发现邦联军已砍倒边上的树木，使之横亘在船只前面以堵住来路，又在其退路上以树木拦截，防止对方脱逃。一旦格兰特的士兵露出头部，邦联军的快枪手将即刻令其毙命。

随后，格兰特又将注意力放在了密西西比河的西岸上。在那里，军队正忙着在稀烂的土地上建设公路、桥梁。很显然，只要花费足够的时间和精力，军队必将修出由南面进入维克斯堡的道路。可是那又如何？密西西比河的宽度大于半英里，军队还是需要借助船只到达对岸。格兰特自以为想出了对策：他将开凿一条运河，如此一来，舰队将可顺利抵达维克斯堡南岸，免遭对岸邦联军的层层炮击。于是，军队开始开凿一条巨大的行船运河。然而，就在它完成之际，密西西比河却迎来了涨潮期，运河惨遭淹没。

转眼已是二月底，与之前相比，格兰特并没有走近半步。在北方，纸媒言辞激烈地批评和嘲笑格兰特；南方的人们亦在取笑他；而且马克克拉南向华盛顿特区报告格兰特又开始酗酒——这似乎是真的。或许，这是他将军生涯中的最低潮时期。当船上的膳食管理官错手将他的假牙掷出船外时，事情愈发停滞不前。此外，在海岸上，因为士兵们没有养成良好的卫生习惯，而饱受着天花和霍乱的侵扰。华盛顿特区更是出现了找人代替格兰特的声音。为难且不安的林肯于是再度派查尔斯·A. 达纳回到格兰特身边调查。此时，达纳的报告又一次救格兰特于水深火热之中。神奇的是，格兰特的精神状态也有所好转。在牙医 S. L. 哈姆林来到他身边，送来新的假牙之后，格兰特与波特、谢尔曼再次一道坐在地图之前，并想出了一个新计划。

这一计划需有大胆的海军配合，幸运的是格兰特拥有波特——“海上谢尔曼”。波特将率领舰队，趁着夜色南下密西西比河，越过维克斯堡。这一趟顶着猛烈炮攻的输送将会分批进行，先是炮舰，而后是汽船队。与此同时，谢尔曼和马克克拉南则会带领麾下军队，沿密西西比河西岸南下前往地如其名的艰难时刻镇，海军将在这里接送他们前往距离维克斯堡南面二十英里的吉布森港。而后格兰特将领军往东面及南面推进，途中或许会遇见彭伯顿并与之交火；接着，他将切断连接杰克逊市与维克斯堡的公路及铁路。波特对装甲炮舰的输送信心十足，但对汽船队则持以悲观态度，他打算在上面覆上干草和棉花堆以作掩护。

将军队和供给沿临时公路南下运输至艰难时刻镇的计划，光是组织便花去了格兰特军一段很长的时间——这是策划组织时间最长的一次。幸好达纳成功说服总统，让他再耐心等候。4 月 16 日，这一计划终于付诸实施。这是一个没有月光的夜晚——正合波特心意，他成功率领舰队越过了维克斯堡。尽管邦联军点燃了边上的房子，照得河域光亮如白昼，尽管他们使出了南北战争中罕见的猛烈攻击，但对手波特只是失去了一艘汽船。与此同时，格兰特于 4 月 17 日令本杰明·H. 格里尔森上校从田纳西州孟菲斯出发，率领骑兵发起突袭，使格里尔森军推进至杰克逊市周边位置，并沿联邦战线下推至路易斯安那州巴吞鲁日，借此分散彭伯顿的注意力，使之无法顾及正于艰难时刻镇上演的事情。这一次的进攻也展示出邦联军在密西西比河沿岸的空虚防卫（1959 年上映的电影《魔鬼骑兵团》便是以这一次突袭为主题，其中格里尔森的角色由约翰·韦恩饰演）。4 月 29 日，格兰特率领 4 000 余名将士渡过密西西比河，从维克斯堡同侧登陆，与之相距不到二十英里。而此时的彭伯顿仍如“撞到头的鸭子（借用林肯的名句）”一般迷茫，在格里尔森的突击之下陷入了慌乱状态。虽然，约瑟夫·E. 约翰斯顿将军很快便会带着将近 1 万兵马到此增援，但损失已然不可逆转。在邦联军花时间、人力追寻格里尔森军，尝试弄清他们深入邦联战线的意图之时，格兰特正从“后门”攻击维克斯堡。

“不管在什么情况下，都不可以让自己被围困于维克斯堡”，约翰斯顿曾这样告诫彭伯顿，但彭伯顿最终恰恰做了此事。此时格兰特已于密西西比河横冲直撞了三个礼拜，俘虏了 6 000 多名士兵，缴获 100 多把枪支，还以当地的粮食为生。有一次，他甚至还洗劫了杰斐逊·戴维斯的种植园，挪用了邦联总统最喜欢的马匹之一，还将它改名为“杰夫·戴维斯”。或许，这一举动是出于对戴维斯的报复——当初，杰西·格兰特请求他恢复格兰特的上尉职位，遭到了冷酷的拒绝。这三个星期以来，格兰特军行进了两百英里。5 月底，他更是截断了彭伯顿与杰克逊市之间的联系，有效地将之封锁在维克斯堡内。5 月 22 日，格兰特向维克斯堡发起猛攻，这一次，他遭受了巨大的损失，被迫撤退。唯一的幸事是马克克拉南终于出现言行失检，且还是不可逆转的失误——他鲁莽行军，还向格兰特发送了一份乐观过头的报告。

格兰特暂停手头事务，深吸了一口气，而后开始对维克斯堡进行摸查。若他不发起猛攻拿下维克斯堡，自己将会为饥饿所困，所以，他只能发起攻击。7 月 1 日，彭伯顿终于向格兰特请求停战；7 月 13 日，两人坐在一棵树下商谈，彼时格兰特口叼雪茄，彭伯顿则嚼着一根青草，共议投降条款。

格兰特当时俘虏了将近 3.2 万名敌军士兵，缴获 172 门加农炮，但比起在唐纳尔逊堡给予巴克纳的投降条件，彭伯顿得到的条件宽松了许多。在交换战俘时，格兰特释放了所有俘虏。事实上，他并没有其他选择 —— 他没有时间去管理他们，也没有地方去安置，更没有可给他们的粮饷。[I]

7月4日，格兰特胜利的消息传至华盛顿。同是这一天，皮克特[①]于葛底斯堡战役最后一次冲锋遭到灾难性的失败的消息亦传到此处。死伤人数高达5万的葛底斯堡一役在美国历史上有着神话般的意义，这有部分是因为林肯在葛底斯堡发表的讲话，但维克斯堡战役则被视作更具决定性的胜利。米德[②]在葛底斯堡战役后没有乘胜追击李将军，任由他渡过波托马克河，撤退至安全地带，这一点让林肯很是失望；而格兰特则拿下了完全的胜利。“众水之父又可以平静地流向大海了”，林肯写下了这句话，而事实也就如这般。格兰特开辟了密西西比河北面直至新奥尔良之间的流域，将邦联军切成两片，使其心脏地带袒露在对手攻击之前 —— 这是美国历史上最大的一次胜利。

虽然格兰特又一次从马背上摔下，在床上躺了两个礼拜，但朱莉娅还有孩子们很快便来到维克斯堡，与他重聚。有他们在陪，他度过了一段轻松的时日。1863年10月，林肯下令格兰特全速赶往查特努加市，担任当地的指

---

① 乔治·皮克特（George Edward Pickett，1825—1875），联邦军少将。

② 乔治·戈登·米德（Geroge Gordon Meade，1815—1872），联邦陆军少将。

挥官 —— 在那里，一支联邦军正陷于绝境之中。

格兰特快速抵达该地，并很快摸清局势 —— 在血腥的奇克莫加战役中，威廉 · 罗斯克兰斯将军惨败给布瑞克斯顿 · 布雷格，如今又被围困于查特努加市，麾下士兵士气低落，且饱受饥饿折磨。格兰特撤除了罗斯克兰斯的职位，让少将乔治 · H. 托马斯顶替。他沿田纳西河往下打开了一条新的补给线，而后他亲自上阵指挥，打破了敌军对查特努加市的围攻。在谢尔曼加入后，他立马向布雷格在传教士山脉上的阵地发起攻击，这可是一处被认为固若金汤的阵地，他没有采用花哨的攻势，而是向山上发起了正面而残酷的攻击。一举将布雷格赶回原地，并俘虏了 6 000 名邦联士兵。

这又是一次令人震惊的胜利，许多人拍手称快。因此，以美国政治的特色来说，格兰特在 1864 年被共和党或是民主党人士提名为总统，是必然会发生的事情。

在两年的战斗生涯中，格兰特不仅向人们证明了自己懂得打仗，懂得指挥军队，还知道如何击败敌人。和林肯一样，他在工作中有所收获，并且不会让自我意识挡住前路。他拥有坚定的决心和在受挫后仍能重返战场的才干，最重要的是，他意识到摆在敌人面前的难题绝不比自己少，甚至还会较自己更多 —— 远在 1861 年，当他还是一个经验粗浅的志愿军上校，在密苏里州佛罗里达乡村里穿行追捕邦联上校哈里斯的时候，他便已经清晰地认识到这一点 —— 这一切使得他最终成为最杰出的人之一，成为成功的指挥官。

知道得到两党的提名时，格兰特受宠若惊，但并不打算应承，且此时的他还明智地令林肯知道自己的态度。毫无疑问地，林肯在得知消息后如释重负——因为他和其他所有美国总统一样渴求连任——他说服国会恢复陆军中将一职，并推举格兰特成为首个接受这一军衔的人。随后，他又将格兰特召回华盛顿，令他掌管全美军队。

第七章

1864 年 3 月 8 日，格兰特抵达华盛顿特区 —— 上一次来到首都时格兰特还是墨西哥战争中的一名军需官，他的到来只是为了说服战争部门：自己无须对那失窃的 1 000 美元负责。他在威拉德酒店秘密入住，同行的还有他 14 岁的儿子弗雷德。当看见眼前这个身着肮脏、皱巴巴、破旧制服的男人写下“U. S. 格兰特和儿子，来自伊利诺伊州加利纳”字样时，接待员无疑被震惊了。在安顿好儿子睡着之后，格兰特下楼抽烟。而此时，他到访的消息已经传遍酒店，人们都蜂拥至酒店大堂，只为一睹格兰特的风采。而后，格兰特穿过拉法叶公园前往白宫 —— 在那里，林肯为他举办了一场接待会。他把自己那破旧的、下垂的黑色帽子交给佣人后便步入东边的房间，加入人群。此时的他举止笨拙、衣不得体，且心神不定，一如其他没有朱莉娅在旁提点的社交场合。林肯——或因为有人预先提醒，或因自己认得这位新任陆军中将——上前与格兰特握手，将他带至房间中心，向林肯夫人介绍格兰特，他说道：“噢，妈妈，看看，这便是格兰特将军。”[I]

他们两个看起来肯定很像默特和杰夫[①]，格兰特身材矮壮，高五英尺七英寸；林肯笨拙瘦削，高六英尺四英寸。不过两人还是开始寒暄起来——这对身为律师与专职政客的林肯来说一点难度都没有，但于格兰特而言则恰恰相反——两人的对话直至林肯听见房间里传来兴奋的喧闹声才停了下来。屋子里的人全都为这位唐纳尔逊堡战役、夏洛战役、维克斯堡战役、传教士山脉战役的胜利者的出现感到兴奋十足。林肯成功说服格兰特站到沙发上，以便人们能够看见他。

次日，格兰特正式晋升，并首次与总统进行正式谈话。林肯明确提出，他并不打算将之前监控其他将军的那一套用在格兰特身上。日后他将在写给格兰特的信中提到：“我不知道，也不会去探求你的计划。”这套管理方法完全不同于其先前事事需以电报汇报的细节管理法——林肯曾将后者应用于马克克拉南、伯恩赛德（在伯恩赛德被告知需前去指挥波托马克河战役时，他表现失当，后来每次回忆起

① 默特和杰夫，美国连环漫画《默特和杰夫》的一对主角。

此事，他总会大哭起来）以及胡克的身上。而且林肯无疑强调了自己对格兰特的信任，他提出格兰特应当“像斗牛犬一样继续咬住不放松，尽可能多地去咀嚼和吞咽”。

这是格兰特本人对这一事件的看法。他已经撬开了南方的大门，且不久之后，他就会令谢尔曼执行其著名的“向大海行军”计划；同时，他还打算“像斗牛犬咬住猎物”那样咬住李将军，直至对方战败。他没有复杂的作战策略，也不太在乎是否拿下里士满——他只是简单地计算出北方的人口比南方多。因此，若长期抗战的话，他所能承受的伤亡人数也比李将军多。这么看来，唯一的取胜之道便是向前推进，逼退李将军，逐渐造成北弗吉尼亚州军队的伤亡，直至南方再无可以替换的兵士。这一战术简单、粗暴，且将会被证实极其有效；它需要一个如格兰特般无情的将军来指挥。李将军于弗雷德里克斯堡目睹伯恩赛德军在攻击落败之后再朝着邦联军的炮火发起攻击，曾向杰克逊谈论道：“幸好战争是糟糕的，要不然我们可能会喜欢上它。”但是格兰特几乎不可能会赞同这样的看法。对于战争，他并没有一丝浪漫的想法，他肯定会同意谢尔曼的名句：“战争就是地狱。”旗帜飘扬、刺刀的亮光穿透浓烟、濒死兵马的哭喊声被军号声与炮响声盖过——这些格兰特都可以无视。这场战争若能快点完结，不管对哪方，包括对邦联军而言，都是有益的；而尽快终结战争的方法便是杀死比想象中更多的邦联军。这不是会令格兰特欣喜的未来——事实上，它更加剧了格兰特的忧郁情绪——但他也没有就此退缩，否则联邦军的命途将岌岌可危。

格兰特当下便开始行动，以明确和巩固自己的地位。他计划去指挥战场东西两翼及波托马克河的军队，而不想留在华盛顿。所以，他让哈勒克担任了类似司令的职务。这令哈勒克感激万分。因为格兰特不想被困在办公室里，也不愿意与那些胡搅蛮缠的国会议员或内阁官员接触——而这一切哈勒克正好都能代他做到，而且会做得比他好多了。哈勒克清楚地告诉米德，虽然格兰特身在战场，但波托马克河军队的指挥权仍然属于米德，且哈勒克还竭力向米德表达自己对格兰特的信任——这并非易事，因为米德性格十分敏感。事实上，格兰特也尽量不去干涉米德，即便这位葛底斯堡战役的胜利者还是不可避免地在短期内降职为副指挥官。在米德敏感多刺的性格发展到了极致时，他将一个他不喜欢的记者轰出营地，还在记者的脖子上戴上了一个写着大写字母“骗子”的牌子。当事情牵涉到米德公共关系意识时，这样的情形也是常有的事——不过他作为一个指挥官的能力却从未受到质疑。

格兰特定下的制胜策略，看上去肯定与通往总统之路的政治现实相违背。在北方，征兵暴动越演越烈，且影响甚广（当今导演马丁·斯科塞斯所执导的电影《纽约黑帮》重述了这一事件）。后来在北方的大城市中，越来越多的工人贫困阶级开始意识到：应召入伍，在战场上充当炮灰的目的就是为了拯救数量庞大的黑人奴隶，而这些黑人奴隶将会用低薪酬跟自己抢工作，这样一来，暴动是难以避免的。

而后政府又通过了一项法律：只要你有足够的钱雇请到替身代自己入伍，就可免行兵役——这与100年后越南战争中，中产阶级的孩子可以通过读研究生来逃避兵役的不公平情形多少有些相似。这项法律的诞生使得暴动情况变得愈发恶劣。

这些格兰特全都知道，他并不需要林肯为他指出：若李将军受制于人力与物力的短缺，那么，于格兰特而言，这也会是迟早的事。在李将军于葛底斯堡失败后，南方夺得内战胜利的现实可能性已然不存在，但若战争演变为看不到尽头的系列血腥战斗，且伤员数不断上涨的话，林肯仍有可能输掉1864年的总统选举，即便他获得连任，北方反战思潮也有可能造成社会分裂（想象一下发生在此后100年的绝大多数美国民众对在越南战争中获胜失去信心时发生的类似事情），不管是何种结局，内战最终都可能走向妥协。格兰特必须努力奋战，且需尽快向前进逼并终结敌人。

此前，联邦军的计划多数意在绕过北弗吉尼亚的防军，拿下里士满市。1862年，马克克拉南在半岛地区的惨败便是一个最佳的范例。反观李将军，他则依靠这场胜利为自己赢得了南方主要将领的位置。但是格兰特从不打算通过花哨或者详尽的策略智取李将军。这并不是格兰特的作风。

格兰特计划从三面进击邦联军，虽然到头来仅有两面进攻能对敌方造成严重损害。他本人将从正面向李将军发起进攻，将之驱回里士满。而令人讨厌但在政界却颇有势力的少将本杰明·巴特勒，此时已然身处里士满东南方的詹姆士河。与之同时，谢尔曼将穿过佐治亚州夺下亚特兰大，而后向海上进军，斩断里士满（以及李军）西、南两面的补给线。

格兰特是主力军。至于谢尔曼，格兰特相信他必将拿下胜利，且在征战途中他必将贯彻残酷的破坏策略——因为谢尔曼本就计划于沿途尽量烧毁和破坏敌人战争资源。而曾数次败走里士满，无法对李将军形成威胁的巴特勒，在这一次也将以更坚定的进攻来威慑里士满，至少也要让李将军开始为他身后可能发生的事情而担忧。

只是，巴特勒一如既往地未能按命行事，但格兰特在当下根本找不到更坚定、更专业的指挥官，或者至少不那么傲慢、死心眼的指挥官来替代巴特勒——巴特勒是指挥官，更是政客，当战争结束，以政治影响力登上白宫之路时，格兰特根本及不上对方。他试过辞掉巴特勒，让西点军校的导师史密斯将军取而代之，但最终失败了。就连肩膀上的三星徽章也无法帮助他敌过巴特勒。

1864 年 5 月的第一周，格兰特带着将近 12 万兵马向南方逼近，先是渡过拉皮丹河，而后冲入一片在当时被称作“莽原”的地区。这一区域约有 15 平方英里之大，满布灌木林、繁茂且乱糟糟的次生林、被弃的农场、陡峭的沟壑、蜿蜒的小溪，还有先前数次战争所遗留的两轮马车车辙。先前战死沙场的士兵遗骨仍在这片绝望的土地上横陈着，这又加重了这里的阴郁气息。格兰特希望尽快渡过拉皮丹河并越过莽原地区，与李将军在更为开阔的区域展开争斗，这样他才能充分发挥出骑兵团与炮兵团的力量。然而李将军的步伐比他快得多。李将军并不打算在拉皮丹河狙击格兰特，但当格兰特的队伍跨入莽原之时，李将军便立刻发动攻击，尤厄尔率领左翼，A. P. 希尔统帅右侧，朗斯特里特则以最快速度从中路进击。面对三路进攻，格兰特只能将自己浩大的纵队重新划为三支队伍，从右到左分别由约翰·塞吉威克、高佛勒·华伦、汉考克负责指挥。在这样一个破烂不堪、丛林密布的地方，战斗双方都需要时间来组建连贯的战线。格兰特军经由南北向的主路快速退回丛林中。与此同时，李将军一方则继续控制着莽原上东西向的道路。一天的苦战由此开始。后来，干燥的灌木丛着了火，躺在地上的伤兵于其间被活活烧死——这使得这惊栗的一天再添恐怖色彩。虽然李将军以其大无畏的策略性进攻闻名，但这正如威灵顿描述滑铁卢战役“狂风暴雨般的战争”一样，两军距离太近，只能近距离相互射击，用刺刀相互拼杀。

格兰特希望“不幸将军”伯恩赛德能够由詹姆士河朝西北进逼，前来增援自己，但伯恩赛德却在密密麻麻的丛林中迷失了方向，直至天晚了才赶到这里。几乎所有联邦军都认为，在对方的重压之下，格兰特将会决定经由拉皮丹河撤退——此时，若指挥权落在马克克拉南、伯恩赛德、胡克或是米德手中，他们都必将做出这样的决定——然而，格兰特却在黎明时分再度发起攻击，这战斗第二天的血腥程度并不亚于第一天。最后，在当天夜里，格兰特又下令出发，其前进方向并非大家预想的后退至拉皮丹河，而是避开李将军右翼，往南方的史波特斯凡尼亚郡府推进。

霎时之间，李将军遭遇突袭。但是他快速反应，举军全速前进，先于格兰特抵达史波特斯凡尼亚郡府。也就是说，格兰特试图从其右侧绕过的做法也以失败告终。5月8日至22日期间，格兰特在史波特斯凡尼亚郡府周边向李将军发起了一系列激烈的正面斗争，以求找到一条可绕过李将军右翼的路，其麾下伤员在此期间不断增加。5月2日，格兰特曾致信哈勒克道："我建议在这条战线上打到底，即使要打整整一个夏天。"这又是一个将会被传扬四海的句子。他显然是认真的。随着伤员数量的不断增多，像夏洛战役之后涌现的谣言和批评声又再度升起——格兰特酗、无能，是个"屠夫"。据估计，联邦军伤员在此时已高达1.8万人——战争局势紧张得很，人们根本没有时间去统计——而邦联伤兵人数亦接近1.2万，这于北弗吉尼亚州军来说，是后果严重的损失。然而战事仍在进行，并没有半点松懈。格兰特确实像斗牛犬一样紧紧缠住了李将军。

最终，格兰特终于得以包抄李将军侧翼。不过，对方又再一次成功地跑在格兰特之前。两方之间的战事日复一日地进行着。格兰特步步进逼，李将军则不断往里士满方向后退，这样的局势一直持续到6月2日。那一天，格兰特距里士满仅六英里远。李将军麾下人马虽不断减少，但里士满与他之间依然有着数量可观的驻防部队，仍然足以抵御格兰特军。李将军是一名工兵，他细心地选择了防守位置，以巨大的胸墙及深邃的战壕作为掩护。第二天，格兰特下令全力进攻。就是这一天，他看见运马人抽打一匹马的脸，并且在人前大发雷霆。中午时分，在不到半小时的进攻时间内，格兰特军便有了7 000人伤亡，且这样的牺牲并没有逼退邦联军一英寸。[II]这一次进攻，就算在他本人看来，也可说是其将军生涯中的最低点。

次日，就连格兰特也觉得必须停下脚步，重新考虑行军路线，因为他本人也不知道究竟自己的军队能否在这片遍布联邦军尸体的土地上再次发起攻击。这名真正的军事天才的一个突出特点就是思维开阔、反应迅速。因此，他决定放弃这一处已造成众多伤亡的阵地，横渡詹姆士河，朝里士满的南面进发。他将举军前进至先前巴特勒驻扎过的营地（但巴特勒于此所做的都是徒劳），放弃由北面进攻的战术，转而占据那些能够用詹姆士河上的汽船运输补给的阵地。在那里，他将指挥军队从左面出发，努力切断里士满南面的铁路线，断绝李将军的物料补给。

6月14日，在率兵顺利渡过詹姆士河之后，格兰特当即决定进攻彼德斯堡。这是一个位于里士满南面的小镇，一条重要的铁路线于其间穿过。为拿下彼德斯堡，格兰特立刻向前进逼。驻防于此的邦联军由博雷加德指挥，其兵力不到1.5万人，而格兰特则带领5万大军。但博雷加德仍对抗到底，一直撑到李将军从里士满北面战线抽身而出，带领北弗吉尼亚州军队，以急行军方式前往彼德斯堡增援。或许在经历冷港战争之后，格兰特麾下的将军对攻击敌方变得犹豫不决，或许军队本身也并不愿意再度尝试发起正面进攻。但不管出于什么原由，他们还是错过了夺取彼德斯堡的关键时机。随着李将军的到来，双方只能稳定下来，展开持久的围城战。

对于当前处境所采取的战略对策，格兰特的看法与50年后的约瑟夫·霞飞①相似。在马恩河战役之后，德军开挖了壕沟以作防御。当人们问及霞飞，在这样的情况之下，他打算以什么策略来击败德军时，他答道："Je les grignote（我将不断蚕食他们）。"而这也正是格兰特的计划，他将向对方发动一系列看似没有止境的攻击，以对抗其战壕工事——这一类型的战斗是过去四年在西线战场上的典型战术。在这场彼德斯堡围城战之中，格兰特发动了多种具有决定性意义的攻击，包括用炮弹轰炸、布雷、拿刺刀拼杀、狙击以及近身搏斗。除了在战斗中牺牲的，许多士兵还因病死去，因为成千上万的士兵全都挤在简陋的、卫生条件差的营地之中。

在锡蒂波因特，一艘汽轮停靠在詹姆士河南岸。格兰特则筑起了由小木屋组成的城市，其中包括司令部和12.5万人的补给基地，格兰特夫人与孩子们也很快到此与之相聚。这里的生活条件极其简陋。路面要么泥泞不堪，要么尘土飞扬，这还全取决于季节。这里还囤积着大量的枪支

---

① 约瑟夫·霞飞（Joseph Joffre，1852—1931），法国元帅和军事家，第一次世界大战初期的法军总司令。

弹药、食物以及饲料。此外，基地还建有战地医院，配备了医护人员。这里的一切足以与现代军队的供给基地相提并论，到访的人全都对此留下了深刻的印象。他们因而也想象不出在如此条件下为何战争仍在继续，更想象不到邦联军是怎么熬下来的。格兰特曾在心情好的时候作出解释：彼时的李将军在内线控制上占有优势，因此，当防线的某一点受到格兰特方攻击时，他们总是能快速地加固那一点的驻防。

林肯时不时会乘坐汽船南下看望格兰特。两人时常合照，在雨篷下相对而坐，表情阴沉，仿佛肩膀上承担着整个世界的重量。但从某个角度而言，事实就是这样的。看起来两人似乎只是干坐着，并没有开口交谈。这于林肯来说是极不寻常的，但于格兰特来讲却极平常。或许格兰特最广为人知的一张照片便是由马修·布雷迪在锡蒂波因特拍下的。照片中的格兰特靠在帐篷前的一棵树上，制服不仅起皱，还脏兮兮的，头上的帽子位置有些靠后，眼神坚定但带有深深的悲伤，越过拍摄者的肩膀，注视着更远的后方。他的穿着毫不优雅，裤子和鞋子都沾着污泥，但他也并非身着私人便装——而是一身深蓝色的制服，外加马甲和双排扣长礼服，上面钉着镀金纽扣，肩膀上还带着三星将军徽章。他看上去忧心忡忡，非常不开心，而内心也正是这样，或许他需要来一杯烈酒。

7月，为推动战事发展，格兰特做了两项尝试。第一，派谢里登绕到敌军后方。一来查明了李将军身后的武装部队十分匮乏，二来谢里登在归来途中还摧毁了谢南多厄溪谷。第二，他雇请了以前的采矿工程师，在邦联军防线下方开挖隧道，并引爆了一座巨大的矿山——这是到那时为止最大的一次爆炸。7 月 30 日，又进行了一次大型爆炸，杀死了 200 名邦联士兵，并形成了庞大的弹坑。在没有组织、没有引导的情况下，一部分联邦军匆匆跑了进去，他们很快便发现自己被困其中。而此时的邦联军则身处高位，开始由上往下扫射。就像在“扫射桶中的鱼一样”，一位幸存者如是说。在这一切结束之后，格兰特牺牲了近 4 000 员士兵，但一无所获——在一战的西方前线上，这样的情况将一次又一次地上演，这或许证明了世界各地的参谋学院的导师通常都会输几次战争。为回应谢里登的突袭，邦联将军尤巴·安德森·厄尔利直捣马里兰州深处，甚至差点攻占了没有防备的华盛顿。而后他又撤退返回，并于途中烧毁了位于宾夕法尼亚州的钱伯斯堡。这下，格兰特和林肯真有事情值得犯愁了。

夏天一瘸一拐地步入秋天，然后是冬天。而这一天天里，彼德斯堡周围战线上的士兵不断死去。而后在 1865 年 4 月初，李将军突然被迫撤退——他们再没有足够的兵力守护里士满了。4 月 2 日，杰斐逊·戴维斯放弃了邦联首都。与此同时，李将军和北弗吉尼亚州的剩余部队也在朝弗吉尼亚州林奇堡方向撤退。此时的李将军仍想着往南方后退，到北卡罗来纳州同约瑟夫·埃格尔斯顿·约翰斯顿将军会和，集合双方兵力击败谢尔曼，而后再度往北方进发，攻击格兰特。但是接下来发生的事情很快让这一计划化成泡影：

格兰特攻陷了一条又一条的公路和铁路线，令李将军的行动变得难以开展。

格兰特“像斗牛犬一样”紧紧追着李将军。近 8 个月时间里，谢尔曼及其他联邦军队不断在邦联境内大肆破坏、烧毁铁路和桥梁，或是毁掉整座城市。如在亚特兰大，庄稼、谷仓以及那些富丽堂皇的房屋都无法幸免于难。联邦军还“解放”了黑人奴隶。一个奴隶提到，联邦军至少在路上为他们松了绑，还剥夺了他们前主人的资产。邦联纸币变成了毫无价值的废纸，首都遭到洗劫，并被烧为平地。邦联的幻想成了泡影，邦联已经缩编得只剩下李将军和他的军队 —— 他们脆弱不堪饥肠辘辘，但他们仍然是危险的，他们正经由泥泞的道路返回弗吉尼亚州的乡村地区，或许将背水一战。

人们必然读过格兰特写给李将军的这封信，这是战争史上最高贵庄严的信件之一。格兰特和米德袭击并包围了李将军。在此同时，狂妄的卡斯特摧毁了李将军的大部分补给火车。在这场战争中，格兰特最不想要的便是英雄般的落幕。

联邦军总部

1865 年 4 月 7 日下午 5 时

美利坚联盟国的 R. E. 李将军，

经过上周的战事，想必您已经意识到，在这场战争中，北弗吉尼亚军再继续抵抗仍是无望的。本人同怀此感。我认为我有责任避免更多无谓的牺牲，因此要求美利坚联盟国弗吉尼亚军投降。

陆军中将U.S.格兰特

当天傍晚，李将军回以同样雅致的短信。虽然他“并不赞同你所持的继续抵抗无用说”，但与格兰特一样“想避免无谓的牺牲”，并提出自己的投降条件。

这样的结果对格兰特来说并不算好，但还是开启了一扇通往和平解决的小门。次日早晨，他给李将军回信，他将接受李将军的投降条件，但“有一个条件，那就是，所有投降的人，无论是军官还是普通士兵，都不得再次拿起武器，你们所有的武器和供给都将视为缴获物资充公”。他同时建议李将军挑选时间和地点进行会面商议。这与他在维克斯堡提供给彭伯顿的条件几乎一致，比那封著名的致予巴克纳的“无条件投降”书宽厚多了。格兰特对李将军是抱有敬意的，而巴克纳终究不是李将军。

两位将军交涉期间，两方军队仍在向西推进，李将军一方的行进既缓慢又费力，格兰特一方则快了许多，他希望将李将军带离南方。9日上午，李将军的先锋部队抵达阿波马托克斯，却发现卡斯特已然率军占据了这里，还配有补给。而这时，和以往感到压力十足的时候一样，格兰特又犯了严重的偏头痛，备受折磨。他找了一家农舍暂作休养，8日晚上，他用热水和芥末泡了一整晚的脚，同时还在手腕和脖子部位敷上“芥末膏药”。

9日清晨，李将军送来一封更长的信件，信中暗示，他了解格兰特的投降条件，但并不是特别认同。这本是谈判中再正常不过的一步，但格兰特在看到此信之后还是从病床上跳起来，翻身上马，又一次出征。残酷的战斗再度开始。此时，虽然格兰特军距阿波马托克斯郡府直线距离仅两三英里，但格兰特却无法骑马直奔那里。李将军又派信使向米德和谢里登举起停战白旗，要求暂停战事，为他与格兰特的会面提供机会。于是,米德给予对方两小时的时间。而后格兰特带着一小队护卫朝南方奔去。他顶着偏头痛的折磨，先是在战斗地点转了转，随后掉头往北行进，经由支路抵达阿波马托克斯郡府。半途中，格兰特又收到邦联军官送来的信件，李将军最终同意了自己的条件。就在读完的当下，他的头痛便烟消云散。他随即趴在马背上回了一封字迹潦草的信件，说他此时“离沃克教堂四英里远”，要求派一位邦联军官前来带自己到李将军的所在地。在走了一段又长又令人晕头转向的泥泞乡间小路之后，格兰特被带到了阿波马托克斯郡府的麦克莱恩家，李将军正在里面等候着他的到来。从书信中的字句看来，格兰特似乎是在仓促之间踏入弗吉尼亚州的乡间小路，还迷了路——就算在今日，带上地图开着汽车也有可能在这片土地上迷失方向。还有一点值得人们注意的是，这位三星将军所做出的骑马穿越支路的行为需要极大的勇气。他很可能会在途中遇到愤怒的邦联士兵，他们其中的任何一个都会非常乐意杀死这位联邦指挥官——然而，格兰特似乎想都没想过会有这样的可能。

抵达之时格兰特的制服满是污泥，这让他略感尴尬，特别是当他看见守在麦克莱恩家门廊的李将军的装束时更是如此。眼前的李将军身穿崭新且剪裁考究的浅灰色制服，袖子上镶有闪闪发光的穗带，配有猩红色的肩带，腰系饰有金穗的皮带，身携金色佩剑（这可能就是弗吉尼亚州民献给他的那一把），单手抓着自己的白色小山羊皮骑行手套。他身上无一英寸不闪耀着优雅的贵族式剑豪风范。他站得笔直，身高将近六英尺，靴子闪闪发亮，白色的胡须修得非常有型，眼神透露着天生指挥官的锐利，整个人散发着军人的高贵体面，令人心生敬畏。反观格兰特，穿着起皱的制服、满是污泥的靴子，以沉重的步子跨上台阶与李将军相见。对这位将军，格兰特毫不掩饰自己的敬仰。他评论说："李将军内心的感受如何，我无法感知。他是一个非常体面的人，表情泰然自若，旁人根本无从断言此刻的他，究竟是为战争终于结束而心怀欣喜，还是为这样的结局而感到悲伤，他身上的男子气概掩过了这一切。"

虽然李将军和格兰特的部下已经尽己所能地进行准备，但就指挥官级别的会话来说，这样一间狭小的屋子始终未能布置得尽如人意。两人站着寒暄了数分钟，话题多数落在墨西哥战争上。格兰特对李将军印象深刻，而李将军，不管怎么说，也假装认得格兰特。但事实上，两人的年纪和军衔都相去甚远。两人愉悦地聊着旧日的战役和军队友人，但未提正事。最后，李将军不得不提醒格兰特这次会面的初衷。

在进入正式会谈之后——李将军朝格兰特的部下，纯血统的印第安人埃利·帕克上校，有教养地扬了扬眉毛——两人一道在小桌子边上坐下，李将军提议让格兰特写下自己的投降条件。帕克于是找来了纸张、墨水瓶和笔，当格兰特挥笔书写时，李将军礼貌地转开视线，望向墙壁。格兰特写下了如下句子：允许邦联军官保留自己的随身武器、私人马匹以及行李装备，以“避免无谓的羞辱”。

在格兰特将字条交予李将军之前，谁都没有开口说话。李将军戴上阅读眼镜，仔细地阅读内里的一字一句。当他看到“军官可以保留自己的随身武器、私人马匹以及行李装备”时，他评论说“心有触动”。格兰特认为，这将对李将军的军队起“正面作用”。

看罢，李将军仅提出一点，那就是在邦联部队里步兵和“炮兵”也拥有自己的马匹，并询问格兰特这些人是否也能保留马匹。格兰特指出这样的豁免权只适应于军官，他不能、也不会重写条款，但是因为这些人大多都是小农民，他们需要马匹来种植庄稼，而自己的部下也将劝说自己，允许士兵将需要的马匹或驴子带回家。李将军再度评论说，这将起到“最为正面的作用”。而后他拿出一张纸，在上面写了五行简要的话表示自己认同条款。

就在字条互换并留下副本时，李将军和格兰特轻声聊天，以消磨时间。李将军到最后也没有将自己的佩剑交予格兰特，格兰特亦没有交换佩剑，毕竟格兰特所写下的投降条款对方都已接受。李将军略显尴尬地提到自己的军队正为饥饿所困，格兰特听后同意给予对方可供2.5万人食用的粮食。之后两人挥手道别，这或许是美国史上最为著名的一幕——不到一个小时便完结。格兰特写下了数行字，给斯坦顿发去电报。这或许是战争史上描述胜利的讯息中，最不沾沾自喜、最不显得欢欣鼓舞的一封：

> 弗吉尼亚州阿波马托克斯司令部法院
>
> 1865年4月9日下午4点30分
>
> 致华盛顿特区尊敬的战争部长E.M.斯坦顿先生，
>
> 今天下午，李将军同意我所提议的投降条款，彼所率北弗吉尼亚州军队已向我方投降。附件将能令您更全面地了解事件进程。
>
> 陆军中将U.S.格兰特

当胜利的消息传遍联邦战线时，联邦炮兵队放起了百门礼炮。此时格兰特的偏头痛又犯，于是传话令其停止。他是否说过“现在我们都是美国人了”值得怀疑，但这必然是他当时的内心想法。“邦联军，”他随后写道，“如今已是我们的俘虏，我们并不想因其失败而狂喜。”

“男孩将军”卡斯特在会面结束之后，骑马离开麦克莱恩家，并将投降者签字的小桌子倒放在自己头顶，把它当做纪念品一道带走。我们不知道格兰特对这一事情的看法，但它极有可能是格兰特不喜欢卡斯特的众多原因之一。当卡斯特最终死于小比格霍恩河战役时，格兰特的心情绝非淡泊沉静，而是一定程度的满足。不管怎样，在次日，他允许自己的军官前去邦联营地探访朋友（职业军队的圈子很小），而他自己则骑马再次来到麦克莱恩家，与李将军进行了一番友好的长篇对话。李将军得体地拒绝了给剩余的邦联军去电劝其投降的要求。他说，在没有问过总统的前提下，他不能做出这样的举动。随后两人握手道别，李将军返回自己的战败军队，格兰特则乘火车前往华盛顿，他觉得那里正急迫地等待着自己的出现。

出于多种现实考虑，美国内战终于结束。

这一年，格兰特 43 岁。

第八章

许多格兰特传记作者都认为，在阿波马托克斯一役后，格兰特的工作动力主要出于两点：一是让自己保持忙碌，一是为自己赢得掌声。这样的说法恐怕不无道理。他的亲生母亲提到，当格兰特还年轻时他就成了伟人，且不管是他还是朱莉娅都不打算回加利纳安度余生，就算忠实的市民们很快将送予他一套价值 1.6 万美元的房子，依旧不能改变他们的打算 —— 这笔房款在当时来说是一笔大数目，房子还是装修过的，小到书房里的皮质装帧丛书和墙壁挂画都已经为他备好。不过，人们还应将格兰特抱有坚定的责任心这一点考虑在内。成为总统是他无法避开的未来。

若格兰特夫人没有拒绝陪同林肯一家去剧院的邀请 ——

格兰特本已接受，后又不得不尴尬地拒绝——格兰特或许早和林肯一起死在约翰·威尔克斯·布斯枪下了。格兰特夫人非常担心那个晚上又会被玛丽·林肯数落整晚——先前访问锡蒂波恩特时，身为总统夫人的林肯夫人已站起身，朱莉娅依然坐在位子上，林肯夫人因此大声斥责朱莉娅；而后，林肯夫人还因奥德少将夫人的帽子问题当众大闹起来——格兰特只能苦编推托之词。但在林肯眼中，他的推托必然再明显不过了。所以在林肯遇刺时，格兰特因不在场而幸免于难。就算时隔 20 年后撰写回忆录时，他仍在为自己一家为何在最后失约于林肯寻找新的却又无法令人信服的借口。

听到暗杀消息后，格兰特立即拘捕剧院老板福特——最终由奥德将其擒获。之后他便安下心来面对比调兵遣将更加复杂的工作。很快，他便将成为继乔治·华盛顿之后第一位得到满四星的将军，这让他赢得了众多人的尊重。

这在很大程度上解释了为什么人们会将他和后来的德怀特·大卫·艾森豪威尔放在一起作比较。与艾森豪威尔一样，格兰特的战斗指挥能力广受推崇；与艾森豪威尔一样，他虽然不是政客，但只要他想，必然能赢得总统职位——事实上，不管他想不想当总统，他都是两党追逐的总统对象。在华盛顿，每天早晨都有许多人等着看格兰特骑马小跑进入办公室的样子——他手握缰绳快马前进，嘴里还叼着其标志性的雪茄；在大小国家政策会议上，政客们亦等待着他的建议，至少希望他能出现。格兰特不仅受到人们欢迎，在林肯遇刺后的国政真空时期，他更是美国的一个重要人物。或许是唯一的重要人物。他需为安德鲁·约翰逊的管理保驾护航，给他以权威和庄严——它们都是这位新总统身上所没有的品质。

格兰特的权威有一部分源自他的沉默。在政客演讲长达数小时的世界里（在葛底斯堡战役时，林肯演讲的垫场发言就已长达两个多小时，而大部分听众还觉得它太短了），格兰特不喜发言这一点似乎成了他智慧的证明。在他必须开口说话时，人们需仔细聆听——如同聆听斯芬克斯的讲话一样——苦想话语的含义，还会将他的沉默理解为伟大的标志。在那个年代里，演讲是受人欢迎的消遣活动，平易近人的、滑稽的故事（"能打动群众的演说者"[①]一词，源于某次漫长的会议，因其过长使得听者不得不为自己的表重上发条），有时甚至连下流的故事都是政客手中的财富（林肯就是这方面的老手），但格兰特于此全无天赋，也全无兴趣。若时间往回倒退一些，当他被伊利诺伊州政府选为志愿军团指挥官时，他和其余数人需为军队致辞，在听完了别人成熟的豪言壮语之后，他上台讲话，在一群无疑期许听到更为壮志凌云的演讲的下属面前只说了一句："兄弟们，回自己的宿舍吧！"

士兵们因此对格兰特非常崇敬。在内战期间，格兰特那简洁明了的语言鼓舞并重振了唐纳尔逊堡、夏洛以及其

① 能打动群众的演说者，英文为 stemwinder，亦有"用转柄上发条的表"之意。

他战场上的军队士气。这让许多政客颇为不解，他们认为格兰特的寡言少语是他隐藏想法的途径之一，尽管朱莉娅一直都告诉他们不是这样。格兰特的寡言是天然、毫不矫揉造作的。他是一个好的聆听者，在发言之前喜欢先思考一番，在沉默中得出自己的结论，其内里的思维过程只有其自己知道。

如同滑铁卢一役后的威灵顿，格兰特很快地也成了那些看似无解的问题的主要“解决者”之一。他是唯一一个得到人们信任的人，人们都认为他能够冷静、平和、权威地，尤其是能公平地处理任何难住华盛顿人的问题。虽然出于对林肯的敬仰，格兰特将自己视作共和党人（然而其回忆录中却没有提及自己对于林肯之死的感想，这让人感到费解），但他本身并不是政党人士。在某一时期内，他的部分优势便是人们认为他不忠诚于任一党派，更重要的是无党派阴谋。在南方，他所得到的信任一如北方，这让他一时间在“以何方式、以何条款将南方诸州纳回联邦”的热议话题中获得了特殊的位置。

* * *

与约翰逊总统共事，格兰特从一开始就感到别扭——约翰逊曾当过裁缝，是民主党人士，话语很多，当陌生人表示出异议时他便会与之不当地争吵，且易鲁莽行事。这些缺点在某个谣言的散布下变得更为严重，那就是约翰逊被传沉迷于酗酒，或许在某次不幸事件后他便染上了这一毛病。当时，约翰逊一直在为国会演讲做准备，然而演讲当日他却突发腹泻，在讲话时常持续数个钟头的年代里，这确实是一个大难题。一个好心的参议员提议他喝上一杯烈性白兰地，以安抚翻搅的腹部。约翰逊听从了这一建议，可是他根本喝不惯烈酒，以致在台上做了一番冗长却口齿不清的讲话，最后他还得在旁人的帮助下走下演讲台。

新总统约翰逊在参众两院发言时处于醉酒状态的传言并没有影响他的人气——但就算没有这件事，他也很难追上殉难总统林肯的步伐——不过，问题并不在这，而在于他如何看待与南方讲和一事。约翰逊是边境居民（这也是他最初被选作副总统的原因），因而不同于林肯的温和派主张。他态度非常强硬地要求南方人为其犯下的叛乱和不忠之罪付出代价，给予处罚。这使得他与格兰特站到了两个对立面上。格兰特与林肯一样，并不愿看见前邦联军仅仅因为持有不同政见而遭到处罚。这与我们今日所说的“真正的战争罪行”截然不同。在这个问题上，他并不愿将自己的威望借予约翰逊，因为对方将会拿来胁迫南方人。但是约翰逊的不幸还在于其党派中的激进人士要求他在惩罚南方人问题上更进一步，这使得他陷入了两难境地。

格兰特的首要工作之一便是谴责旧友谢尔曼。谢尔曼在北卡罗来纳州鲁莽、冲动且越权接受了约瑟夫·埃格尔斯顿·约翰斯顿的投降条款，允许邦联军队将自己的武器带返家乡并储存于州军火库内；承认既有的州政府；在没有明确定义“财产权”的前提下，确认其有效性，这可能导致法院允许他们保留包括奴隶在内的所有财产。我们难以获知谢尔曼内心的想法——他行事莽撞，容易狂妄自大——此时的格兰特不得不给他写了一封措辞强硬的信，否定这一投降条款。而后他又乘坐火车，穿越受灾的南方，前去接管谢尔曼的军队，并与约翰斯顿重新商议投降条款。

当格兰特返回华盛顿时，约翰逊总统在重新立法的问题上，已然深陷于同国会的斗争之中，而结局将会是总统弹劾。1866 年夏天，约翰逊在北方各州开始了我们今天所说的巡讲，为自己的政策争取支持率，他还要求格兰特与自己同行以“装点门面”。令格兰特尴尬的是，这场巡讲本身就是一场灾难，当总统与听众们相互辱骂、威胁之时，就算身着军装的格兰特也无法震慑局面、镇定民心。

到了 1866 的冬天，受总统这趟失败之旅的影响，整个国会都忙于起草新法案以期绑住这位总统的手脚，不让他做出过于激进的举动——军事管制政府开始向南方州施压，总统被禁止向军队下达任何命令，除非是经由总指挥官点头。此外，在未经参议院同意之下，总统无权解雇任何内阁成员。

在重新立法的问题上，格兰特的看法很是复杂——或者他至少感到矛盾——不过，我们首先需要知道他并不是一个极端主义者。他不喜欢将南方划入军区，但他会遵循上级下达的命令；他没有非常热心于“解放黑奴”的尝试，“他毫不在乎”，但他还是会遵守命令。最重要的是格兰特并不希望自己卷入这场争论之中，所以他快速地为自己组建了介于国会与总统之间的内阁。但是他还是不可避免地卷入其中，约翰逊解除了斯坦顿的战争部长职位，并点名由格兰特暂代。在国会否决了这一调动之后，格兰特很乐意地搬出了战争部长的办公室，将它交还原主人，这样的举动让约翰逊很是气恼。他认为格兰特背叛了自己，而格兰特则认为对方是在羞辱自己。

最后约翰逊被这场重新立法的骚动逼上了弹劾之路，他虽侥幸取胜——这与格兰特没有关系——但这也昭示着其总统之途的终结。1868 年 5 月，共和党一致同意推选格兰特为党派的总统候选人。格兰特重返“故乡”，回到加利纳的新房子里。他没有发表任何演说，未进行任何竞选巡回活动，也没有过多地在加利纳的公共场合出现，便将总统一职收入囊中。格兰特为竞选所做出的“努力”，只是时不时让公众看见他在为保健而散步、骑行，或是坐在门廊处抽雪茄，可是这就已经足够了。

就职当日，格兰特拒绝乘坐安德鲁·约翰逊就职时曾坐过的四轮马车，这引起了不小的轰动。格兰特在此前缺席竞选活动，就职演说也是简短且非常乏味，这让大多民众对他未来将持的政纲感到疑惑——而他本人对此抱有的疑惑度同民众一模一样。约 70 年后，即将卸任的哈里·杜鲁门总统将会这么评价艾森豪威尔：当他坐上白宫的办公桌时，他绝不会知道自己将被什么所击垮——身为将军，一旦下达命令，很快便能得到执行，但若身在白宫，在下达命令之后，他将可能得不到一丝回应。同样的事情也几乎立刻将格兰特击垮。和艾克一样，格兰特习惯于立即服从，而非走政治程序，在国会中为自己的政策争取支持率，不是呼吁公众支持，也不是恳请新闻工作者的承认。他期望自己至少能得到本党的支持，但他却没有意识到政纲的方方面面均需经过谈判——且需付出相当大的代价。

*　　*　　*

在任期内格兰特收到了许多批评，毫无疑问，他将在财政和政治丑闻中惨淡收场。但事实上，在这八年内格兰特如同一剂镇静剂，令这个刚刚从内战中挣脱而出的国家处于稳定的状态。将近 62.5 万个美国人在内战中被杀——相比之下，二战死亡人数为 40 万，越战为 5.8 万人。在 19 世纪中期，美国的总人数不过是 62.5 万这一数字的四或五倍——且仍有大部分国民身处荒芜境地，饱受饥饿之苦，或陷于惨败之中。虽然激进派并不愿意为这场战争买单，而且遗留下来的种族问题也将在 100 年后继续困扰美国，但格兰特确实收回了南方诸州，还成功地避免牵连国外或是引起国际战争。格兰特是纯粹的存在，如同 80 年后的艾克，他拥有极大的威望，"沉着镇定"（也有人用这一词来形容从 1957 年到 1963 年担任英国首相的哈罗德·麦克米伦），这或多或少使美国成为世界大国严阵以待的对象。死亡使林肯和甘地一样，成为国际级圣人。而格兰特则更像艾克，是其他方面的象征：美国的军事力量，国家机构的完整，基本的尊严和善意；而最重要的是，他还代表着美国坚如磐石的常理。

人们并不看好格兰特的外交手腕（事实证明这是错误的看法），也不看好其政纲与政治决策（这两点倒是对了），而他的外貌、性格，及他从加利纳皮革马具店的办事员晋升为四星将军甚至总统的经历则验证了更为重要的存在 —— 美国梦。在 19 世纪，再没有其他美国人（甚至包括林肯）能与他一样获得如此声誉，获得举国上下的尊重，即便是林肯，他那精明的政治手段、高洁的殉道，令他比直率、单纯的格兰特难以为常人理解得多。

* * *

从格兰特一家的白宫照片看来，他们并不太享受那里的生活。格兰特身着平民衣服，看上去皱巴巴的，也不自然，还显得头重脚轻，他和夫人也都胖了不少。在一组红云酋长①受邀访问白宫的杂志插图中，身着印第安传统服饰，佩戴羽毛的红云及部下看上去比主人格兰特更显优雅、得体。在内阁官员的选择上，格兰特一直被人诟病。但是在 19 世纪以及当今，用内阁职位来嘉奖朋友的做法十分寻常。因此

① 红云酋长（Red Cloud，1822—1909），美国印第安酋长，曾多次参与北美印第安战争，后向美国政府投降。

诸如被格兰特授予加利纳志愿军指挥权的众议员伊莱休·沃什伯恩先是暂任国务卿，后成为美驻法大使这样的事情一点都不让人惊讶。在其他的人员任用上，也与现今非常相像，有平庸的决定，也有不可思议的决定。其中任命汉密尔顿·菲什接替沃什伯恩成为新任国务卿，委任前俄亥俄州州长、内战将军雅各布·D. 考克斯为内政部部长，委任其旧副官约翰·A. 罗林斯为战争部长，这三个决定对格兰特来说实属幸运。许多人批评格兰特用人唯亲，但这是英裔美国人的传统，且事实上，大多数职位也不过只是小喽啰角色。有人认为为了取悦朱莉娅·格兰特，格兰特委任她的兄弟为新墨西哥州政府印第安贸易商，另一个兄弟则被任命为旧金山的小海关官员，她的二表哥则成为俄勒冈州的公款收款员。她的哥哥弗雷德里克被任命为格兰特的白宫预约秘书，而其父亲（托安德鲁·杰克逊的福，他在此前已是邮政局长）也搬进了白宫，成为永久住客。他常常在大堂处拦住陌生人，向他们讲述他们邦联军的光耀史以及黑人种族的缺点。这些事情其实都算不得多大尺度地利用裙带关系。

格兰特对外交事务的见解或许来自汉密尔顿·菲什。和其他站在成功巅峰的将军一样，他首要关注的是和平。内战期间，法国新任国王、拿破仑大帝的侄子拿破仑三世为了规避门罗主义[①]，密谋临时推举奥地利哈普斯堡王朝大公

① 门罗主义，由詹姆斯·门罗总统发表于1823年，表明美利坚合众国反对欧洲对美洲的殖民或涉足美洲国家的主权事务的态度。

成为墨西哥统治者，希望借此不花力气地把奥地利人拉拢到法国这边。如今我们把这段匪夷所思的小插曲定义为新殖民主义，它不仅遭到了大多数墨西哥人的强烈反对，也为美国人所深深憎恶。到了内战结束之日，此前颇受争议的话题——美国是否为最大、最强的武器装备国，是否拥有世界上经验最为老道的军队——已再无异议，且有许多人认为美国应入侵墨西哥将法国人驱逐出境。格兰特虽曾半开玩笑地提过（据说在内战结束时，他曾开玩笑说："向墨西哥进军！"），但是作为总统，他还是尽力去使美法之间的关系平和下来。他强调法国是美国第一个也是历史最久的同盟国和朋友（在 133 年后，这样的观点或许仍存在实际价值，仍为总统乔治·沃克·布什所引用）。而拿破仑三世一方肯定也知道，若失去美国的援助自己将会从历史舞台上消失，事实亦正是如此。最后，倒霉的墨西哥皇帝马克西米利安被行刑队处决，拿破仑三世则在战场上输给了普鲁士人，而后于 1870 年退下王座。美利坚合众国既没有干涉墨西哥，也避开了与法国开战的风险。就这一事件的处理，格兰特理应获得诺贝尔和平奖。

彼时格兰特还面临着一个更为棘手的问题，但他并没有掌握处理这一问题的要诀。1992 年总统竞选，克林顿一方压倒老布什的制胜点或许同样适用于格兰特："笨蛋，经济才是重点！"这或许是格兰特的不幸——他一点生意头脑都没有，但偏偏身处经济问题火速成为关注要点的年代。内战过后，美国肩负巨大的国际债额，南部经济几乎处于崩溃状态，而西部则处于高速开拓阶段（尽管这遭到了格兰特所说的“这一土地的原著居民”的拼死抵抗）；且在短期之内，生产工业化也将使得美国的生产能力大幅赶超英国。新生发明无论大小，均以惊人的速度改变着美国人的生活：电报、大力扩展的铁路线、煤气灯、铁皮蒸汽远洋游轮及战舰、新式农业机械、保险刀片、连发枪以及钢笔——美国人民的发明创造力似乎无穷无尽——与之同时，东北部以及中西部城市也正以非常危险的速度扩张以容纳成千上万的新移民，建造狂潮被引发，土地价格也因此飞速上涨。

这一切都需要大量的资金支撑——数额空前的大——华尔街，以及投机者、金融家、商业银行家、股票经纪人均成为这片土地上的一股势力，或许有些人正畏惧着这股势力。杰斐逊派的民主主义、小农以及刚毅的当地商人的理想都必将被抛弃，密苏里河以西的“主人”印第安人也必将被征服。对于印第安人格兰特曾表示出同情之心，虽然他无力为这一民族做什么，但是他对小农和小城镇美国人的同情，在他对那些懂得如何深谋远虑、如何大规模赚大钱的敬仰面前，显得微不足道。美国正在步入一个这样的时代，它与20世纪80年代的股市繁荣期、90年代中期的互联网热潮并没有什么不同。此时冷酷坚决、聪明且懂得迎合时代潮流的人将能从中赚取大笔金钱（有时亦会失败），过上奢华消费的炫富生活，欧洲贵族们只有在旁艳羡的份。如同今日的克林顿，在得到远超想象的成功之后，格兰特乐于与富人、权势集团相伴——在这个金钱世界里，他虽身为总统，但他与夫人都清楚地意识到自己并不属于富人圈子。格兰特与其他总统一样，在很多地方都能帮上他们的忙 —— 若只从这一意义来说，19 世纪 70 年代与我们生活的时代并无不同。彼时“利益冲突”这一名词并不如今天这般成熟 —— 林肯即便圣洁也还是一个成功的铁路律师，绝不可能是穷人，也从不是穷人，因为林肯夫人就是购物狂人 —— 格兰特同样倾向于这样的观念，身为一名成功的将军，上天还亏欠他某种有品味的生活。

而后，格兰特与现今成功的将军们无异，也期许过上更好的生活。现在他们都加入大公司的董事会、智囊团或基金会；而至于市民的感谢礼他们照单全收，也应承了有利可图的铁路管理者职位。格兰特几乎是直接由军队跳至白宫，并没有机会从既往的胜利中获取好处。后来格兰特一家踏上环球访问之旅，他们无法不注意到一点。在英国，成功的将军们所得到的奖励都远比自己丰富。约翰 · 丘吉尔在打败路易十四之后不仅获封马博罗公爵，还获赠布莱尼姆宫和足够宫殿开销的金钱。至于击败了拿破仑的威灵顿，得到公爵称号之余，还得到了大量的土地奖励、一套位于海德公园角皮卡迪利大街上的大房子以及一大笔财富。对比之下，格兰特一家觉得自己的奖赏实在少得可怜，尤其是当他们变得喜欢与新贵中最富的人交谈之后更觉如此。虽然加利纳和费城（这实在令人有点奇怪）的子民都曾集资购买房子赠予总统一家，但他们的生活还远远称不上富裕，就算在格兰特卸任之时也没有好转。

所以格兰特选择连任总统（后来他亦参与第三任总统竞选，但失败）的其中一个原因，便是这一家人对离开白宫之后的生活一筹莫展。对于总统身份，格兰特并非乐在其中——许多人因怀有巨大野心而追逐总统一职，但格兰特并非如此。事实上是总统一职找上了他——他心里没有其他想法，在入主白宫之后他开始将它当作自己的家。这是一所大房子，运转方式一如军事机构，内里装修奢华，足以满足格兰特夫人，且每一餐都可提供烤火鸡肉——这可是格兰特唯一钟爱的肉类。

* * *

对总统一职，格兰特并没有什么兴趣。或许格兰特真正的不幸在于，从加利纳时就一直担任其副官，现升为战争部长的约翰·A. 罗林斯——他在战争时期因莽原战役后不断上涨的伤兵人数而震惊，曾与格兰特产生过摩擦——本就体弱，此时更被肺结核折磨。在那个年代里，肺结核仍是不治之症。如果格兰特能与现代总统一样，有罗林斯密切关注下的智囊团在侧，给予他支持、保护，为他提供意见，并“教导”他，他的总统生涯或许将会更为成功。罗林斯亦如此，战争时期的他身体健康，伴于格兰特之侧，多数时候能让格兰特拒绝酒精（当格兰特躲开监视偷偷饮酒时，罗林斯也能帮他规避不好的后果）。所以要是罗林斯身处白宫，或许还能保护格兰特，让他明辨何为骗子、小偷，何为老实人。虽然格兰特在很多方面都是精明的，且考虑周到，但一旦涉及金钱问题他便完全成了傻子。他为人又非常老实，难以感知到某人身上的不诚实。此外，格兰特亦十分忠诚。他时常有意忽视不法行为的证据，甚至在证据带至他眼前时仍是如此。

在美国，这些并不是理想型总统应有的个性。格兰特的白宫生涯中没有像罗林斯这样的强势助手（罗林斯死于1869年，即格兰特总统上任第一年），很多时候他需要靠自己制定策略。若以现在的标准来看，其策略大多混乱不堪、受人质疑——这当中包括觊觎总统之位者、爱慕者以及陌生人。相比之下，林肯处理这类事则娴熟不已——毕竟他是一个天生的政治家——但是格兰特为军人出身，他需要部下相伴，讲求效率，一如在昔日的战场指挥部。他被众人一致提名为总统候选人。在竞选期间，他既未发表任何讲话，亦未曾离开其加利纳的新家，这些事实于其政治决策并无帮助。从没有人要求格兰特阐述自己的总统使命，他的伟人光环以及四星军衔让所有人认为自己没有资格在这一点上质疑总统。他的沉默寡言，在旁人眼中是沉思或暗谋计划的表现，但多数时候这只不过是错觉，虽然他本人并无意为之。格兰特无疑渴求缔造“和平”“繁荣”与“和谐”景象，也希望以“保护原先的奴隶（现被称为‘自由民’），但不一定使之持有与白人平等的地位”作为条件将南方重新纳入美国整体，但他并不知道应当如何去实现这些想法。

权威如历史学家艾伦·内文斯，也曾对格兰特的总统任期总结评论："他对民事、经济一无所知，且总是将总统一职视作奖励，而非责任。"[1]没人否认这一说法，但人们也需考虑到他迈入了可悲的趋势，那便是将最为固执不化的想法付诸实践。但这些想法均为别人灌输予他的，且本就毫无意义。格兰特决心开展一项注定失败的计划，那就是吞并圣多明各岛（后来的多米尼加共和国），将之纳入美国领土（他并非最后一个在加勒比海陷入麻烦的总统）。这一决定震惊了他的内阁、党派，以及几乎所有的美国参议院要人。圣多明各岛脆弱不堪，敌对派系各自割据一方。格兰特曾经一度将注意力全都放在吞并计划上（虽然他更建议购买而非武力征服），以便迅速将400万美国黑人转移到岛上。他认为这一计划的实施将立刻使美国在加勒比海域的地位得到稳固，同时，美国所投资本加上巧妙安排将使得多明各岛成为一笔合算的买卖，且如何应对、处理南方自由黑奴的问题也将迎刃而解。但结果却是，除了渴望将岛屿以更高价格售出的多米尼加政治人物外，再没人对此表现出一丁点的热情。激进派共和党参议员强烈反对镇压现存的为数不多的黑人共和国之一。于美国黑人而言，被移到加勒比岛和集体"船运"至利比里亚并无区别，他们都不感兴趣——若询问他们意见的话，而且几乎没人希望将一片美洲黑人的领土（更不愿意最终将作为一个州）纳入联邦。反对声音最大的是令人敬畏的查尔斯·桑诺参议员。他来自马萨诸塞州，为参议院外交委员会主席，远在内战开始之前，他就已经是坚定的废奴主义者。因桑诺强烈反对奴隶制度，这令他遭遇不幸。在他参议院的座位上被南卡罗莱州议员斯顿·布鲁克斯以手杖残忍痛打，在此之后他便成了捍卫黑人权利的殉道者和英雄。

格兰特执意奋战到底，但仍旧落得以失败收场。他不是一个输得起的人。内文斯指出“他缺乏宽宏大量，尽管他缔造了阿波马托克斯传奇，但仍是报复心重的怀恨者”。他成了桑诺的死对头。桑诺作为激进派共和党中最受尊重甚至崇敬的一员，格兰特将其当作敌人并非为好的选择。格兰特是“报复心重的怀恨者”这点并不重要，尽管这并没有说错，但重点是他仍旧脸皮薄、敏感、为自卑心理所烦恼——他由严厉而又冷漠的双亲带大，求学时常被取笑，从军时一直晋升无望，试图赚钱或是改善自身境况全都遭遇失败，还一度窝在小镇，在父亲的店里当一个办事员，酗酒度日，直至内战打响，命运之神才将他从谷底救起。格兰特深知自己学历不足，但凡别人对之投以些许轻视，他都会感到愤怒。反观桑诺，身为新英格兰贵族，是哈佛高材生，富有、傲慢，且非常渊识博学，正是那个能令格兰特意识到自身所有不足的人；而桑诺对圣多明各岛计划的反对则成了压垮骆驼的最后一根稻草。[II]

* * *

格兰特在白宫的照片和他做将军时拍摄的照片截然不同。照片中的他大腹便便、暴躁、目光茫然；他身着便装，这本应是时尚的表现，却只让人觉得他做作与不合身——

看上去，格兰特身上穿的这套衣服并不如军装让他感觉舒适。他梳着背头，脚上穿着就像农民可能会去挤牛奶的那种鞋子，而非着装优雅的政客的那样。他表情鬼祟、沮丧，如同冒名顶替的，或是误入不属于自己的地方——像是冒牌会员却走进了俱乐部的会客厅。

事实是，格兰特看上去很失落，从某种程度来说，他确实如此。虽然费城与加利纳的市民都为格兰特购置了房屋，但格兰特却陷于白宫之中，饱受种种难题烦扰，且并不能通过进攻来解决它们。

公平地说，格兰特也取得了成功。他解决了一系列复杂的问题。在这当中一部分是因为格兰特坚决、保持冷静，另一部分则是出于汉密尔顿·菲什所持有的常识、对外交的认识，及在对外关系上成功安抚参议院委员会情绪的能力；就连不可战胜的桑诺，也和其他新英格兰人一样是坚定的反英分子。不管怎么说，在19世纪后半期，向大英帝国让步绝不是一个受欢迎的举措，尤其是在新英格兰地区，因为在不到百年之前，这里曾发生过莱克星顿、康科德和邦克山三次战役，且它们仍被人们深深铭刻于心，仿佛随时都可能再度出现红衫军。而当大批爱尔兰人出现在这片土地上时，在对英国人恨之入骨的马萨诸塞州政客的心中，这样的感觉登时变得越发强烈。

内战期间，英美双方矛盾升级。而在邦联商业追击手以及封锁线破坏者在英国建造的船坞对美国航运业形成重大冲击之后，事态更是进一步恶化。美国国会提出一笔荒谬的“损失”数额，要求英国赔偿，而桑诺更是算出了令人瞠目结舌的25亿美金。此外两国间还存在着多种问题，如渔业权的争议（在桑诺这类新英格兰人的眼中，这一问题严峻无比，但在格兰特等俄亥俄州或是伊利诺伊州人的心里却并非那么严重）、邦联债务，以及加拿大的归属权在激进派共和党人心里有了日渐明朗的想法：应将加拿大并入美国领土。这一方面是为了惩治英国，另一方面，在新英格兰人的心中，“加拿大应归华盛顿管辖而非伦敦”的看法早在百年前便已出现。不管格兰特内心有多想吞并圣多明各岛，但在吞并加拿大一事上，他并不太感兴趣，因为它将使桑诺感到高兴。他怀疑加拿大人愿意成为美国的一部分（在独立战争期间，加拿大人曾坚决抵制美国入侵）。而且无论如何他都不希望挑起与英国的战争，因对方于彼时正是一个超级强国。最后，他制定了巧妙的外交政策，以平息国内关于加拿大的热议，美国也因此走了革命性创新的一步棋，并将索赔要求递交日内瓦国际仲裁会。格兰特成功地同英国达成和解，且令双边大体上均感觉满意。这也给未来国际性纠纷的解决提供了可参考的范本。在此之后，格兰特便在欧洲甚至世界树起了名声，如同1918年的伍德罗·威尔逊[1]，成了一名能够克服国内政治问题的伟大政治家——这无疑能让人有成就感，但就竞选美国总统而

---

① 伍德罗·威尔逊，即托马斯·伍德罗·威尔逊（Thomas Woodrow Wilson，1856—1924），美国第28任总统（1913—1921）。

言，却不是一个好的选择。

作为总统，格兰特给人留下的印象是在1873年大萧条期间。在这一次大萧条时期，失业率高踞，贫困率上升。若从政治角度来看，对格兰特声誉更大的损伤来自这样的谴责：在这样的境况之下，总统的富翁朋友们却依然可以从中获利（这让人自然而然地想起了2003年本书写作之时的美国经济情况）。甚至在格兰特第一届任期时，国内便已出现了经济摇摇欲坠的迹象。我们不能说格兰特无视这些，他只是对这种如今被称作“经济学”的东西一无所知。他最关心的问题是美元纸币（内战期间被称作“绿背美钞”）是否可以兑换为钱币——含有黄金的钱币。这样的问题还难倒了20世纪20年代任英国财政大臣的温斯顿·丘吉尔以及20世纪30年代时的富兰克林·D. 罗斯福。所以格兰特深深为之困扰且因此频繁更改想法的行为也就不足为奇了。与所有战争一样，自内战开打以来，纸币一直大量印制，人们期望着日后当战胜方执掌大权时，便能解决就此产生的问题（最好不是自己）——除了高昂的国债，还有数量惊人的令人质疑的纸币在外流动，却没有足够的黄金支撑。当然，就战败一方而言，事情就简单多了——早在阿波马托克斯投降之前，邦联纸币便已分文不值——但对美国而言，至关紧要的便是令美元保值，使之为人认可，而黄金便是传统的保值物。

说起来也是格兰特的不幸，他对经济一无所知，却必须聆听两方的货币讨论，这无疑让他感到无聊、困惑（若丘吉尔和富兰克林遇到这种情况，他们一样会觉无聊、困惑）。他的悲剧还在于他开始将自己视为“富人”而非“穷人”。此前格兰特曾被黄金投资者摆了一道，而后因对财政政策怀有错误理解，他又落入了杰·古尔德和小詹姆斯·费斯克的把控之中——若这两名卑劣的投机者活在20世纪90年代，华尔街对他们来说将像自己家一样。古尔德和费斯克试图“垄断”黄金市场，两人多次在宴会以及私人餐车上尝试说服总统：对政府来说，买入黄金比抛售更重要。最后，当两人以为已成功令格兰特上钩之时，格兰特却在1869年秋天改变主意，决定抛售黄金。这引发国内黄金恐慌，令许多人破产，并导致了如今人们所说的“小规模金融衰退”。此外，这一举动还令他失去一名内阁成员，且暴露出一种可能，那就是朱莉娅·格兰特与数名亲戚或许有份参与金价操控，从中获利。

1873年，杰出的银行机构杰·库克金融公司遭遇失败，宣布破产。紧随而来的是一场旷日持久的全面萧条，整个国家因此陷入混乱。格兰特也无法从中抽身而出，事实上，他的个人财产也将在短期内耗尽。格兰特的总统生涯结束在一连串丑闻中。这些丑闻无一与之有直接联系，但大多是格兰特干涉的结果，错误地忠诚于战争期间任职于内战联邦退伍军人协会的人，忠诚于擅长花言巧语、生活奢侈的无赖，忠诚于朋友、自己与朱莉娅两方的家族成员，还有他的办公室同僚。他所卷入的丑闻的名字，暗示了那些导致了他在白宫后期黑暗生活的事件——威士忌丑闻（大量销售威士忌的人从中获利，但逃缴联邦印花税）、印第安贸易商职位丑闻（出售印第安保留地中政府贸易商一职，并从中获利）。诈骗和贪污在格兰特政府中横行，虽然在主要参与者中总统是数个未染指利益的人之一，但他也无法阻止它的发生，况且特别不愿听取那些有关他喜欢或信任的人的罪证。

尽管无人为这正在前邦联州发生的混乱局面和残酷暴行感到高兴，但这种态度对当时问题的解决也无济于事。在军事政府管理之下，黑人在国家立法机构内占有一定席位，开始扮演着与之相称的角色。但是自由黑人的公民权利逐渐被剥夺，投票权也遭到各种方式的阻扰，包括暴力事件、谋杀以及私刑处死。而新生的3K党在这些事件中扮演着重要角色。事实上，种族隔离、佃农耕作，加上白人对黑人的政治打压开始替代原本南方的奴隶制度。

格兰特并不愿——这又与100年后的艾克非常相似——起用联邦军力来捍卫黑人的权利或是改变南方州的现状。格兰特曾拿下内战胜利，但他无意再度陷入战争。同时，他也无意奖励前邦联分子或顽固守旧的种族主义者。相较于黑人将获得与白人平等的地位，他更倾向于让军队撤离南方州，使之自行管辖，将希望寄托于时间与政治现实主义，期许日后它们将多少改善南方的种族歧视现状。这对共和党人（例如老牌废奴主义者，提起约翰·布朗仍会生气的查尔斯·桑诺）来说，无疑是一种变节。但在格兰特看来，这似乎是最简单的情理。事实上，国内多数人民也是如此认为的。对于摧毁奴隶制度，或许格兰特将在以后说道，最高政治现实主义者德国总理俾斯麦也会平息这场叛乱，打败南方州；但在百年之内，他与大多数美国白人一样，并不愿采取下一步动作来为黑人争取平等待遇，或迫使前邦联州承认黑人地位。

在那个年代，极少黑人能够进入西点军校学习。为阻止黑人入学，人们设下了几近不可能越过的关卡，就算他们最终克服重重难题成为学生，仍将遭到全体学生和教官的虐待与蔑视。此时，哪怕格兰特只为他们说一句话也有可能改变这样的种族歧视，但他什么都没有说。而在未来他也不会开口，直至 20 世纪中期，平等运动再度掀起。

或许在格兰特的 8 年总统生涯中，最闪耀的时刻便是他深爱的女儿内莉在白宫出嫁。从照片上看，内莉漂亮、聪明、愉悦 —— 幸运的是，她长得更像父亲而非母亲 —— 在横渡大西洋的船上，她与一名英俊、优雅的英国年轻男子相爱，且对方还拥有几近完美的名字：阿尔杰农·萨托里斯。格兰特一家对此事都非常满意。萨托里斯是著名女演员范妮·肯布尔[①]的侄子，家境富裕，其家庭与贵族之间的关系也足以令格兰特一家，至少让朱莉娅和内莉，感到兴奋。人们或许会认为萨托里斯将会为追得美国总统之女而感欢喜。但看起来，格兰特一家的欣喜程度远在萨托里斯之上。

① 范妮·肯布尔（Fanny Kemble，具体生卒年不详），维多利亚时期莎士比亚悲剧的知名女演员，因主演《罗密欧与朱丽叶》而声名大噪。

这一场婚姻虽举行过引人眼球的白宫婚礼，但除了孕育出四个孩子之外，可说是一团糟。萨托里斯似乎生性风流，是骗子也是酒鬼，而我们从有关他的描述中还可以看出来，他娶内莉不过因为格兰特是富裕人家，是著名的将军，更是总统——但当萨托里斯发现自己娶的并非富家小姐的时候一切都已经太迟了，这或许也是这场婚姻最终失败的原因之一。总之，内莉最终将与之离婚，并带着孩子们重返美国，可在那之前，她已失去了多年青春。

不管人们如何评价格兰特其他方面的功过，他始终是最溺爱孩子的家长——显然，他自身的苦涩童年教了他一些东西。而且，他似乎在家庭生活中找到了在外面得不到的快乐。

不过，总的来说，格兰特的总统生涯并不是历史学家笔下的那般不济。他曾两度为美国挡去战争。若说他企图兼并圣多明各的行为是愚蠢的，那么，他拒绝兼并加拿大的举动则表现出他的有勇有谋。而美国经济崩坏或许并非他或是其他人所能控制的。格兰特政府中凸显的贪污腐败现象则是源自他的单纯以及对旁人的信任，而不是因为他想为自己谋利。不管怎么说，在人们称之为“镀金时代”的当时，这样的现象是难以避免的。彼时的美国发展过快，且同时朝过多不同的方向发展，这必将招来贪污与经济波动，若想减缓事态恶化或是解决问题，将需要一个比格兰特更为精明的人来处理。

同样，中年格兰特的作为也是令人失望的。阿波马托克斯是他人生中最光辉的一刻——但数年过后，虽连任两届总统，他仍只是漫无目的地跨入中年。格兰特渴望成为富豪，渴望成为令人尊重的资本家，却毫无天分。年轻时候的失败经历令他为了战斗而自我锤炼，变得坚强，而战争的到来也使之成为英雄。如今，他迎来了又一段漫长而艰难的低谷人生，而它也将为格兰特送上另外一次成为英雄的机会。并没有多少人能在一生中两度获得成名的机遇。格兰特或许不曾猜想过这样的可能，但当他准备离开白宫时，他便注定将成为那其中的一员。

第九章

1877年，彼时的退休总统还享受不到如今的总统退休福利——当时没有设置“总统图书馆”，也就不需人管理。政府不会再为部门或办事员买单，退休总统不再受特勤局保护，也没有慷慨的养老金。开国元勋曾提出，总统应回归日常，希望他们重返农场或是种植园生活，如普通民众一样，华盛顿自己当然如是做了，后面的人也追随了他的脚步。但退休的格兰特仍然相当年轻，背后也没有弗农山庄或是蒙蒂塞洛撑腰。他曾在靠近圣路易斯市的登特家的土地上投资了一个马场，但到最后照例是一次糟糕的投资；再者，他不太可能将余生花在养马上。加利纳和费城的感恩民众都为他在当地购置了房产，只是他对加利纳并不感兴趣；而在费城，格兰特夫妇几乎不认识任何人。

不过，格兰特便解决了退休生活这个问题。他使用了传统的美国方法：开始环球旅行。

很难说格兰特对世界上其他地方有多好奇，但世界其他地方对他却是非常的好奇。也因此他的这趟旅程如同王室出巡一般，不管到哪都是人们关注的焦点，名胜古迹与他相比全都黯然失色。在美国，格兰特的名气仍旧很大。对很多人而言，他毕竟是共和党前总统。这些人对他做将军时的行为颇多赞许，但是对他作为政治家的举措则有诸多微辞。而在国外，他只是单纯的名人，他是第一位环游世界，并在大众面前现身的美国总统。在大众眼中，他与夫人似乎成了 P. T. 巴纳姆马戏团与畸形秀中的一员。

格兰特的环球之旅前所未有地持续了两年之久，一方面是因为彼时旅行速度慢，一方面则出于格兰特精明的考虑。他认为自己在国外待的时间越长，到回国之时，国内民众对他的好奇心也将变得越大。从政治角度来看，两年是一段很长的时间 —— 长得足以让人开始厌倦拉瑟福德·伯查德·海斯总统[①]，并转而回看格兰特的总统任期，将之捧为黄金时代。大概，或者说无疑，格兰特便是抱着这般期望。

在英国，格兰特一家得到了王室般的待遇，甚至还得到了王室的接见，享受到了与维多利亚女王在温莎城堡共

---

① 拉瑟福德·伯查德·海斯总统（Rutherford Birchard Hayes，1822—1893），美国第 19 任总统（1877—1881）。

进私人晚宴的殊荣。唯一的不足是他自大傲慢的儿子杰西令人为难地坚持要与女王同坐一桌，女王陛下最后虽应允，但也觉得这个年轻人无礼、粗鲁。此外，格兰特一家还获邀与威尔士亲王（未来的爱德华七世）、德文郡公爵、威灵顿二世共进晚餐。他们还得到了众多的公众招待，其中包括伦敦市长在市政厅授予格兰特荣誉市民证书，又招待他由城市一端游玩至另一端。或者，这当中最特别的当属大量英国工人沿路欢迎他。在他们眼中，格兰特不仅摧毁了奴隶制度，更为人们呈现出了一种大英帝国彼时仍不可想象的人生——由制革工人、商店办事员晋升为四星将军并当选总统。格兰特对自己在“工人阶级”中受宠而困惑。但这就是事实，他也就全盘接受了。他的不善言辞同样帮了他的忙——他的演讲时间短，也毫不夸张，这对工人们有着足够的吸引力。他是一个“寡言的人”，许多近距离接触他的人都如此评价。他有着强健的体格，体力充沛，有着大大的劳动人民的手，且手指粗糙——这双手曾耕过地，伐过树木，割过草，牵过马，喂过猪，但无一成功。

在法国、意大利，格兰特得到了同样的殷勤招待。格兰特一家览遍了所有的景点——包括庞贝古城。随后他们又造访了埃及，再由埃及出发前往基督教圣地巴勒斯坦（彼时仍是土耳其境内省份）、君士坦丁堡，之后返回意大利，再接着前往荷兰、丹麦、挪威、俄罗斯、德国以及西班牙。格兰特还与欧洲所有重要人物一一会面，包括沙皇亚历山大二世、德国宰相俾斯麦、教皇里欧十三世和法国总理乔治·克列孟梭。而后他们再度前往英国，经苏伊士运河去往印度、中国和日本。两个饮食讲究、身形壮硕的美国人，他们对美食和旅行的胃口显然是难以抑制的——这是典型的环游世界的美国人代代打造的形象。格兰特与祖国离得越远，便越是被当作一名世界级名人来招待，这最高潮发生在日本。当他与日本明治天皇会面时，对方竟与之握手，这可是天皇从未对旁人——不管是本国人或外国人——做过的事情。

在旅途中，格兰特吃饭、阅读，满足地饱览胜景，似乎不受烦恼所扰。关于他酗酒的谣言不时传出——可谁又能责怪他呢？在印度，国家总督利顿勋爵讲述的某个与格兰特一家共度的夜晚所发生的事情，被麦克菲力引用至格兰特传记中。利顿声称，在当晚，格兰特在船上招待处喝得酩酊大醉，更偷捏了年轻女士们的屁股，无礼地盯着女士们低开的领口看。后来六个英国水手合力才能将他拖至另外一个房间。在那里，他将性欲全部发泄在了格兰特夫人身上。利顿本人好讲故事，而谈论女士时更是毫不矜持，所以他很可能夸大了事实。从格兰特夫人彼时的照片看来，利顿所讲的故事并不太可能发生——她的力气显然很大，肯定可以拒绝格兰特将军。且从我们对她的了解而言，她并不可能在任何公众可见的场合与格兰特发生性关系。不过格兰特再度沾染酒杯的事实则是不可抵赖的——他与俾斯麦共饮白兰地，与威尔士王子同享香槟，还在无数宴会上喝了无数因仰慕而敬上的红酒。如非粗鲁拒绝，格兰特想要挡住酒杯或是祝酒是非常困难的，而且还会一杯接一杯。当格兰特抵达印度时，他已经出游了一年半的时间，和其他旅行者一样，与妻子一道旅行共赏古迹的兴致或许由那时起已渐渐淡薄。

鉴于利顿勋爵是迄今为止作者所知的唯一一个指控格兰特有失检点的人，作者准备抛开这一故事不提，或至少忽略它，但格兰特酗酒的问题的确很严重。对他来说，保持清醒非常重要——若非如此，他将变得浮躁。事实上，他必然已经走上了这条路。[1]

* * *

格兰特回到美国后，立刻开始争取被共和党提名第三次出任总统。不管他本人是否意识到这一点：他需做非常困难的配合工作——他必须在各处出现，令自己看上去像一个有资质的候选人，却又决不能露出一丝自己正在寻求提名的意思。格兰特花两年时间出游外国的主意是好是坏难以说清。一方面，这使得他暂离国民的视线，而同时，媒体又会将他旅行的谄媚报道发回国内；但从另一方面来说，他也离开了共和党的政治圈子，不得不在国内展开巡游。他在公众场合接受掌声，但从未确切地提出或是解释自己的政纲——如果共和党和公众说服他重回白宫的话。

再者，1880 年并非是 1869 年。因没有支持黑人投票者，共和党几乎已将南方拱手让予民主党；共和党各路人士与大众选民虽然仍对格兰特怀有极大的崇敬，但一道道新的问题却摆在了国家之前；虽然格兰特的胜利仍为人所称道，却也无法有效弥补他在具体行为上的缺失。新一代的选民已成年，对于他们来说，格兰特的胜利只不过是父辈的战争。

但即便如此，格兰特仍成功地赢得了可观的选票数——在芝加哥第一次投票表决中，其票数居于前列——若他能依朱莉娅敦促，放下架子，造访会议大厅的话，他很有可能因为代表团的热情而获得提名。但他不可能也不会上演这一戏码，因为这实非他本性。如此一来，其结果便是提名权落入了詹姆斯·A. 加菲尔德囊中，而加菲尔德也轻松击败了那位在葛底斯堡三天便冲破皮克特防线的温菲尔德·斯考特·汉考克。落败使格兰特对加菲尔德产生了强烈的怨恨。

格兰特用自己的方法与加菲尔德及大多数没有支持自己的共和党人进行和解，但依然无法成为加菲尔德的内阁成员，就连大使职位也得不到。格兰特并无什么事情可做，也没有多少金钱后备。美国计划在墨西哥境内修建铁路，格兰特出访墨西哥的经历——他热爱这一国度，就连在攻打墨西哥之时亦是如此——使之可能在这一计划中担当重要角色。尽管格兰特在纽约 66 大街上为自己购置了一套漂亮的房子，还在华尔街上设立了办公室，希望借此赢得成功。但他铁路企业家之梦最终还是落了个空，留给他的仍旧是那个难缠的问题：他应该做些什么。而更难的问题是，他应该怎么赚钱。格兰特一家都希望过上流社会的生活，这多少应与总统卸任后转投金融富豪圈子的境遇相契合，可又几乎没有经济来源可作为支撑。若转为内阁成员、大使，或是墨西哥铁路企业家的希望统统成空，那么，格兰特将需为自己另觅出路。

* * *

机会没有落在别处，而是落在了他儿子小尤利西斯·格兰特（俗称“巴克”）的身上。他步入了一段非常有利的婚姻，岳父提供了资本，供他闯入华尔街做生意。巴克的搭档是费迪南德·沃德——一个擅长花言巧语、有魅力，且有着一定经商才能的年轻男子。与父亲一样，巴克·格兰特总是轻信他人口中的商业计划，且在他看来，父亲将剩余的资产全部倾注到格兰特与沃德公司中好像也合乎逻辑。劝说格兰特去争取成为华尔街大亨，只是在考量其忍耐力、亲和力与天真度——几乎没有什么会像金钱和投资计划一样让格兰特无力判断——而这却正是他决定去做的事情。

巴克是个天真的受骗者，而沃德则是聪明的骗子。结果是可以预知的。沃德想的是利用格兰特的名气来吸引内战老兵投资。将格兰特之名印上公司信笺天头后，各路投资不断涌入，沃德则利用新投资人的钱来回报老投资者——这便是后来广为人知的庞氏骗局。与此同时，沃德一方则偷偷将这些资金转走。到了1884年5月，沃德不得不承认格兰特与沃德公司技术破产之时，众人都感到非常震惊。

沃德为格兰特设下的最后一次骗局是说服格兰特向强大的威廉·范德比尔特借取15万美金。看在格兰特的个人面子上，范德比尔特应承了这笔借款。而后沃德带着范德比尔特的15万美金落入漫长的诉讼和牢狱生涯中，只余下格兰特独自面对棘手的借款、破产，人们或将其当作笑柄，或为之遗憾（这全看你支持哪一边）。总之，他的生意终归是毁了。在他之前，没有任何一届前总统曾落得如此不济，而在他之后，除了哈丁和尼克松，也再找不到如他这般失败的总统了。

第十章

生意破产、身负债务，从某种程度来说，格兰特又回落到了当初在加利纳皮革店工作的那种境地。但一如其传奇的人生，机会即将再度出现在他的面前。他需要再度经历苦痛磨难，而他也将再一次战胜它们，将荣耀收入囊中。这一次，他的武器将不再是刀剑，而是一杆笔。

在格兰特与沃德公司破产之后，为了500美金的稿酬，格兰特不情愿地为《世纪杂志》撰写了夏洛战役的报告；此后他又接到了不少稿约，《世纪杂志》的编辑因此也渐渐意识到这些文章将最终集结成书。同时，一个名叫萨缪尔·克莱门（其笔名马克·吐温更为人所熟知）的邦联老兵也意识到这样一本书将会有市场。克莱门是出版家、幽默大师，也是作家，拥有自己的出版社查尔斯·L. 韦伯斯特有限公司。他发现，若挨家挨户上门销售，这本书所得的收益将超过传统销售方式，即通过出版商和书商销售。而在彼时人们眼中，克莱门的销售方法甚至被认为是落伍、不合时宜的。克莱门对格兰特将军多少有些认识，便顺道到他东66大街上的家中拜访——克莱门是个名人，在19世纪后期，他相当于一名重要的脱口秀主持，也是一位著名的作家，而他还拥有罕见的能让格兰特发笑的天赋。所以，他无疑受到了对方的欢迎。克莱门还是一个有眼力的人，为了与杂志社提出的优惠版税条款抗衡，他提出自己能确保格兰特的战争回忆录获得不低于2.5万美元的稿酬，这笔钱将令格兰特再度成为富人。不出所料，格兰特指出这将使自己失信于《世纪杂志》，但克莱门许诺杂志社开出的条件绝对无法与自己相比，或许连相近也做不到。事实证明，克莱门是对的。《世纪杂志》的老板，这位典型的出版人却在此时妄自声称，永远无法确保令哪个作家的作品达到2.5万本的销量。克莱门因此抢到了格兰特回忆录的版权，这让格兰特成为唯一一位以一次书本交易确保了自己“钱途”的总统，而其他总统，包括杜鲁门、艾森豪威尔、尼克松以及比尔·克林顿，全都未能做到。

格兰特并不打算学习多数人依赖“枪手”帮助的做法，他计划亲自完成这本书。每一个字都将出自他的手笔。克莱门很精明，他知道写散文是格兰特最为擅长的事情之一。他的信件或是公文，不管下笔之时有多仓促草率，仍为简洁、明晰、质朴的表率——他只需稳定的发挥，便可写出一本重要的畅销书。[1]

但是，这里有一个问题。格兰特受喉痛所扰已有一段时日，还伴有吞咽困难。在格兰特和沃德公司破产后不久，他就遭受到喉病侵扰，但彼时的他注意力全放在别的事情——破产与耻辱上，并没有留意病情。最初它被诊断为感冒，但疼痛所持续的时间却比普通感冒长很多。于是他请来喉科专家，其诊断结果变得更为清晰，也更可怕——格兰特患的是喉癌，在放疗和化疗尚未发明的年代里，这是不治之症。事实上这等于对格兰特宣判死刑——一种漫长且痛苦的死法。

格兰特坚忍地接受了这一消息，但他决心在死前完成自己的书。写作本就是费力又耗时的工作，且随着癌细胞的扩散，格兰特已无法吞咽，甚至最终失去了语言能力。对这样的他来说，写作更是变得日益艰难。但他仍吃力地坚持每天工作，因为彼时他深信这是唯一能够偿还债务，并为朱莉娅和家庭成员谋得赡养金的方法。

命运为格兰特准备的是一场与时间的竞赛——事实上，这是一场与死亡的竞赛——这个男人，曾经担任两届总统，还曾试着尽力去争取第三个任期。虽然他并没有真正地要求过，但与病痛的搏斗却逐寸剥落了他身上的这些印迹。这一个格兰特身材肥胖，脸庞浮肿，身着夸张且不适合他的服饰；他曾经渴望成为华尔街大亨或是墨西哥铁路巨头；他也曾环游世界，将公众对他的顶礼膜拜以及皇室贵族的陪伴当作自己应得之物；而如今，他的生命蜡烛却一天天、一点点地在病痛折磨之下烧向尽头。在如山的压力之下，他依然坚持不懈地努力工作。从格兰特病中照片可以看出，他正逐日消瘦，脸庞凹了进去，现出棱角分明的骨头，眼神仍旧忧郁，但目光聚集在关注之物上，一如旧日身处战场之时。这些照片重现的格兰特，是墨西哥战争中那位英勇的年轻军官；是率军于唐纳尔逊堡战役中击败巴克纳的伊利诺伊州志愿军的新手陆军上尉；是夏洛战役与维克斯堡战役中的胜利者；是在1864年及1865年，与李将军展开漫长而血腥搏斗的格兰特；似乎其他的格兰特从未存在过。事实上，格兰特正再度处于战斗之中。他不仅在脑内斗争，每一天他的脑海中都以惊人的准确度重现着他的战斗史，并以简洁而高雅的文笔将之一一记录下来；他同时还与自己的内心作战，他知道癌症正在杀死他，他计算着自己能够承受的痛苦，计算自己还能承受多少剂量的吗啡，而不致思绪紊乱，影响写作，还有自己还买得起多少吗啡；他以自己的力量、勇气，还有顽强的决心来打这最后一场仗，在这场战斗中唯一的胜利便是赶在死亡来临之前完成这本书。

格兰特于1884年末开始写作，在1885年7月完成——这样的工作量惊人且艰巨。最初，他口述别人代笔，但之后随着语言能力的退化，他便自己拿起铅笔在黄色条纹的纸簿上以清楚而有力的手写继续工作。格兰特不像其他人，例如温斯顿·丘吉尔，身后有大批调查者和草稿写手。若天气条件许可的话，他常会坐在门廊上不停奋笔书写，这样一幕常常被前来观看伟人如何死去的游客看见。格兰特一家只能无奈地卖掉位于新泽西的海滨别墅，搬至纽约州萨拉托加温泉附近的麦格雷戈山的小房子里。在那里，格兰特被拍下大量照片——穿着深色的镶有丝质翻领的双排扣大衣，头戴黑色丝绸大礼帽，喉部裹着白色餐巾纸或毛巾，笔耕不辍。

格兰特知道自己时日不多，很快地整个国家也得知了这一事实。访客们前来与他做最后的告别；一波波观光客来到萨拉托加斯普林斯，前来支持他，惊呆一样地看着他；一如他生活中之平常一幕，格兰特又处于公众目光之下。在那个年代里，人们热衷于探视临终场景，且它们多数是旷日持久的，人们大多死于自己家中而非医院里，格兰特的死或许是这当中最盛大、最漫长的一幕。在这期间，他从未停下手头工作，家人也陪伴在旁，偶尔招待访客。

这是一场前所未有的国家大戏，在格兰特被病魔日益侵蚀，痛苦压倒其自身免疫的时候，他的敌人、批评他的人一个接一个地消失了。曾认为格兰特在战争中枉顾士兵生命的人，曾对他总统任期充满异议的人，曾在毁了格兰特第二任总统生涯的大崩盘与大萧条之中失去了一生积蓄的人，曾因格兰特之名而不明智地向格兰特和沃德公司投资的人，全都原谅了他——濒临死亡令格兰特再度得到了曾经的荣耀，再次成为国家英雄。

大概在他去世前一周里，格兰特完成了最后一章，但就当死神准备带走他的时候，他仍挣扎于地图和证据的问题上。他以自己的条框，按照自己的路子与死神搏斗，赢下了这场战役。

现在，最后的荣耀蜂拥而至，只是一切都已太迟——国会通过了一项议案，即恢复格兰特的军衔（为竞选总统，他辞去了军队职务），报纸上溢满了写给他的颂词，来自五湖四海的各阶层人士给他寄来了许多信件、卡片，但格兰特已全然不在乎。他已准备好了迎接死亡的来临，或许他已经迫不及待了。

当然他永远都不会知道，事实上，自己的书将挽救格兰特一家——它将赚得多于45万美元的版税。在那个时代，这可是一笔巨大的款项，若按现代利率换算，其价值将为彼时的20倍甚至更多。这本书被制作成多个版本，被挨家挨户地上门销售，成为美国历史上除《圣经》外最为畅销的书。

19世纪末期，放眼整个美国，就算在最淳朴的家庭或是农舍中你也可以找到两本书，一本是《圣经》，另一本便是格兰特的回忆录，它们被放在书架或是壁炉架上，紧挨在一起。格兰特回忆录中倒数第二句话写着“让我们拥有和平”。这清晰地说出了美国最为成功的将军心灵最深处的感受。

尾 声

为什么是格兰特？

许多人为格兰特撰写传记，且数量众多，看起来就如同某种小型产业。其中有的传记，如威廉·S. 麦克菲力所著版本，可称为文学著作。不过也有许多版本内容枯燥乏味，因为仅仅关注其军事方面。但是不管何时，美国人民都需铭记格兰特这一名字，因为从某种程度上讲他就是小霍雷肖·阿尔杰[①]笔下故事的现实翻版，特别是外国人总希望相信美国梦（所以在格兰特的环球之旅中，大批民众前去与格兰特会面），美国人自身也希望能够相信美国梦。格兰特出身寒微，童年生活苦涩，任凭自己如何努力，成功总是对他避而不见；而后就在突然之间他声名鹊起，指挥军队，

---

① 小霍雷肖·阿尔杰（Horatio Alger Jr.，1832—1899），美国儿童小说作家。其作品大多讲述穷孩子如何通过勤奋和诚实获得财富和社会成功。

拥有权力，赢得了胜利；而后他成功地做到其他人做不到的事情（或许仅有林肯能够胜任），那便是以一张优雅的便签结束了南北内战；他当过两届总统；以著述美国文学史上最畅销的作品作为自己生命的终点。他的一生便是美国梦众多元素的生动证明，且在他过世之后，他的榜样力量仍存续了很多年。

格兰特的总统生涯显然是有瑕疵的，但作为一名总统，他所追寻的和平、繁荣、南北联结（虽经历了四年的内战之伤才得以实现），以及与外国保持良好关系，在彼时也为大多数美国人所追求。时至今日仍是如此。在国内政治关系上，格兰特追求人人公平，但失败了，当然这是由于黑人种族问题；在国外政治关系上，他避免了恃强欺弱事件的发生，避免了使用道德论调，避免了使用武力。和温斯顿·丘吉尔一样，他相信“吵来吵去，总比打来打去好”；他决心通过国际仲裁机构向大英帝国索赔，同时不鼓励兼并加拿大。这样的处理方式，即便放在现今，也值得我们珍视。

作为将军，他一直以身示范何为美国战争取胜之道，从彼时起到之后的150年间，国民一直安享和平。格兰特比所有人都清楚，任何美国战事首先都需立足于必不可少的道德基础。而对于美利坚来说，最佳的胜利之道便是将自身强大的工业实力以及人力储备发挥至极致——坚决地将它们应用于战场之上。

格兰特不是浮华派的将军。他不是拿破仑的仰慕者，但至少从某个程度来讲，他便是拿破仑口中所说的“Le coup d’oeil de génie”，一眼看透的天才，指的是在战场上拥有一眼就看透敌军弱点的能力，且懂得如何利用它来向对方发起突击。与拿破仑一样，格兰特并非时刻都能达到这一水准 —— 在夏洛战役的第一天里，他便被敌方攻了一个措手不及。幸好敌方将领约翰斯顿战死沙场，加上布埃尔在最后一刻带着生力军到身边助力，于危亡中拯救了格兰特军 —— 但通常来说，格兰特总是能够敏锐地捕捉到敌人的位置，并看到其潜在弱点。

当然，李将军同样拥有这一才能，虽然在葛底斯堡战役中未能得到展现；在此役中，以威灵顿的话来说，他任由战争走向“惨败”。但是考虑到彼时对方占据高地，拥有内线攻势，即便李军人数多，且作战能力高于米德，仍只能落得失败收场。格兰特和李将军都是快速行军、应用出奇战术的佼佼者，也擅长临时改变战术。例如，李将军将格兰特一方由里士满的北方诱至东南方，而此举引发了彼德斯堡之围，并终结了战争。

他们在这一场战争中的搏斗直至现今仍为全球军事参谋学院学习的典范 —— 事实上，德国坦克指挥官，例如隆美尔、古德里安、曼陀菲尔、曼司泰因（还有苏联与他们相近的将军），全都熟记“石墙”杰克逊在谢南多厄河一役。所以，温彻斯特、哈里森堡、纽马基特、哈珀斯费里、共和港以及克罗斯凯斯这些地方，于他们而言，熟悉程度丝毫不亚于德国本地。他们熟知谢南多厄河谷的地形地势，就如同熟知莱茵河、易北河或是法国东部一般。同样，在所有你所能想象的语言中，在全球每一处军事学院里，格兰特夺取维克斯堡一役，由莽原到阿波马托克斯坚持不懈地追赶李将军，以快速、坚定不变的步伐攻击北弗吉尼亚军左翼，令之陷入孤立之地，迫使李将军投降的事迹，其中的每一处细节都被后人拿来用于教学，拿来学习。机关枪、坦克、飞机、电脑和智能武器改变了战斗的方式，但并没有改变取胜的方式。格兰特了解地形地势，了解补给线的重要性，及时判断出自己一方的长处与敌方弱点之间的平衡点。最重要的是，他知道必须一直向前推进，无论死伤几何，甚至在出了岔子之时仍是如此坚持——以及在自己所能承受范围内，在所率军队崩溃之前，每天都应更多地造成对方损伤这一简单道理的重要性。格兰特是那个从不走回头路的男孩，是那个从不撤退的男人——他永往直前。能做到这一点的将军们都是战斗的胜利者。

当美国最终赢下战争，这便是不懈追寻格兰特典范的结果。

当人们问及谁是法国最伟大的诗人时，生活于19世纪的法国文学评论家查尔斯·奥古斯丁·圣·伯夫会回答说：“哎呀，维克多·雨果！”而若有人问我谁是美国最伟大的将军，我将效仿圣·伯夫：哎呀，尤利西斯·S.格兰特。

* * *

也许，幸运的是，美国从没出现过亚历山大、恺撒或是拿破仑。华盛顿将军自尊心强，性格刚毅，他为了引导自己走向胜利，某些时候几乎放弃了全美的所有主要城市。李将军发起脾气来如格兰特一般暴躁。他是为数不多的，能将防守做得和攻击一样出色的将军之一。他在阿波马托克斯投降一事，在历经了 140 年之后，仍能让人们深深记得这位将军的强大自尊心。我们仍须铭记，格兰特是最后击败李将军的人。李将军麾下的朗斯特里特，如同南方的奥马尔·布拉德利[①]，能干、可信、谨慎。而杰克逊则更像巴顿将军，是快速行军方面的专家。在联邦军一方，米德是可信赖的将军，如同二战中的英格兰陆军元帅哈罗德·亚历山大，但暴躁的脾气以及可怜的公共关系认知拖了他的后腿。他和汉考克应得到更多，在二战中麦克阿瑟可认为是现代版的麦克莱伦，他自负、傲慢、擅长处理公共关系，对总统嗤之以鼻，紧盯白宫主人之位；但是格兰特，却是他们当中最棒的——艾克也是。

与格兰特一样，艾克同样起步很慢，其军旅生涯在低潮中踉踉跄跄了若干年。他失望地错过了一战，战后才抵达欧洲参与战争纪念物调查委员会行动。而后他又在菲律宾担任麦克阿瑟的副官，这让他非常恼火；在陆军基地里枯燥地检阅了多年军队之后，他终被晋升为陆军中校，但

① 奥马尔·布拉德利（Omar Bradley，1893—1981），美国著名军事家、统帅，陆军五星上将，第二次世界大战期间担任美军在北非战场和欧洲战场的主要指挥官。

这只不过因为乔治 · C. 马歇尔对他有印象 —— 美军当中，他的桥牌玩得最好。一如格兰特，艾克也不热衷于策略学习，在北非的时候，他同样犯过大错，但他却拥有杰出的团结盟军的能力。他是一个优秀的聆听者，他深谙总统比任何将军都更为重要的道理（这一点麦克阿瑟从来都学不会）。而最重要的一点是，他知道以压倒性的力量对抗敌军弱点的重要性。艾克在西点军校之时或许与格兰特一样，没有阅读拿破仑的著作，但他必定读过格兰特的回忆录。

登陆法国之后，艾克需与两位爱卖弄又浮夸的将军并肩作战。这二人都爱慕虚荣，相信仅需以杰出策略发起一击便能拿下战争胜利。乔治·S. 巴顿欲攻打德国的东南深处，而后转攻南面，切断柏林；而伯纳德 · 蒙哥马利则决心经由东北面发起攻击，穿过荷兰，横渡莱茵河夺取鲁尔市，令德军与其工业基地切断联系。和格兰特一样，艾克并不相信万能灵药的存在。最后，艾克不情不愿地放任巴顿发起行动，但对之严加约束（巴顿一直记恨这一点）；也给蒙哥马利机会让他证明自己 —— 艾克向奈梅亨及阿纳姆的所有桥梁发起空袭（市场花园作战），而后发起装甲冲锋，意在全面击垮桥梁，再以空降军控制该地直至蒙哥马利军成功渡过莱茵河。市场花园作战失败了，而巴顿深入德国内部切断柏林一役也被突出地带战役击溃，后者还遭受了德军在西部地带发起的最后一次大型攻击。艾克利用自己军力上的优势发起大面积进攻，由瑞士边境逐日攻向荷兰，其中并没有华而不实的策略或分散敌军注意力的行动，仍然能将德军无情压退，且给对方带来难以承受的损失。这就如莽原战役以及更大型的里士满之战，与格兰特当初的结果一样，它也成功了。比起自己一方，德军更加训练有素、调遣有方、经验丰富，武器装备——特别是坦克——也更为优良，但它们无一能够发挥作用；艾克拥有人力，又有美国工业力量可以依赖，得以更换武器——要拿下战争胜利，他所要做的就是保持前进，绝不撤退，大量消灭德军，令对方无法补充军力，从而导致最终溃败。事实上，他们就是这么做的。

若格兰特知道，他将会赞同这一做法。他也将认同这一事实——作为总统，艾克特别不愿意展开另一场战争。艾克曾领教过一次战争，对他而言，那一次已经足够。

格兰特曾两度经历战争，所以，对它们一点都不留恋。他的回忆录实事求是、精确，保有最大限度的客观性，但无意用“迷人”或是“光荣”来描述战争。荣耀对格兰特并无吸引力。若他健在，他会反感道格拉斯·麦克阿瑟的回忆录，颂赞艾克回忆录中谦卑、沉稳的行文基调。就如同《现代启示录》中罗伯特·杜瓦尔扮演的空军战斗部队上尉一般，格兰特不会喜欢早晨或是任何其他时间闻到凝固汽油弹的味道。他讨厌战争，战场上每一幕都不能令他感到愉悦，若他奋力搏斗，也不过是为了尽快终结战争。威灵顿曾经说：“除了败仗，没有什么场景会比一场胜仗更令人忧郁。”对比，格兰特会是第一个举手赞同的人。

我认为，若格兰特知道“鲍威尔主义”，他也将对此表示认同。“鲍威尔主义”，即不管在过去或是现在，美武装力量均只能在有大量民众赞同的情况下使用，而后以压倒性的军力，以美国庞大的工业资源、力量，向敌人施加压力，从而快速赢得具决定性的完全胜利，并将军队尽快调遣回国。南方重建的困局教会了格兰特——而非他本身需要学习——掌控军队并不意味深谙政治思想，而将军也未必就是开展基础政治改革或是重建社会的正确人选。

无论何时，当我们思索美国军力的作用时，牢记尤利西斯·S. 格兰特的思想，重读他给我们所留下的最好、最持久的财产——其回忆录以及他曾拿下的胜利，将帮助我们做得更好。

最重要的是，所有政治家在计划启用军事力量之前，都应先读懂格兰特。

引文注释

参考文献说明

参考书目过于冗长，以致无法全部包罗，但其中两种是我十分看重的——尽管它们所持观点迥异：William S. McFeely 著 *Grant*（Newtown, Conn.：American Political Biography Press，1997）及 W. E. Woodward 著 *Meet General Grant*（1928；reprint，New York：Norton，1965）；Vincent J. Esposito 准将编纂的 *The West Point Atlas of the American Wars*（West Point，N.Y.，1995）及 John Y. Simon 编纂的 *The Papers of Ulysses S. Grant*（Southern Illinois University Press，1967—）两书是不可或缺的参考资料；Frances H. Kennedy 编纂的 *The Civil War Battlefield Guide* 第二版（Boston：Houghton Mifflin，1990），James Marshall-Cornwall 著 *Grant：A Military Commander*（New York：Barnes & Noble，1996），以及美国文库版 *Grant's Memoirs and Selected Letters* 都是不得不提的参考文献。

第一章

1 引自 2003 年 7 月 9 日《纽约每日新闻报》及 2003 年 7 月 12

日美联社消息。

Ⅱ 关于格兰特墓的信息多半引自“Grant’s Tomb：An Overview”，2003 年 3 月 19 日“The Grant Monument Association Update on Grant’s Tomb”，以及 1997 年 4 月 27 日 CNN 互评 *U.S. News*。

Ⅲ 引自尤利西斯 · S. 格兰特网站页面，“Men Grant Disliked”。

第二章

Ⅰ 引自 William S. McFeely 著 *Grant*。

Ⅱ 引自 W. E. Woodward 著 *Meet General Grant*。感谢 Woodward 提供的关于格兰特童年的众多讯息。该书写于 1928 年，Woodward 生活的时代与格兰特很近，与格兰特及其妻子早年生活的时代背景类似。

第三章

Ⅰ 关于此，我多半仰赖 McFeely，他研究登特家族的成果显著。

Ⅱ 关于格兰特在墨西哥战争中的军旅生涯的研究，McFeely 提供了最佳参考。

第四章

Ⅰ Woodward 为格兰特农事生涯的失意提供了很有价值的信息。

第五章

Ⅰ 在格兰特的这一段复杂的生命旅程中，McFeely 提供了极佳指引。

Ⅱ 总体而言，对格兰特的战斗的描写，我大致参考了 *The West Point Atlas of the American Wars* 一书。

Ⅲ 引自 Woodward 的书。

第六章

I 为了将维克斯堡这场漫长而复杂的战争描述得简短、清晰，我引用了多家资料。

第七章

I 关于格兰特到访华盛顿的叙述有多个版本，我综合了几篇看起来最为真实的版本（采自 McFeely 和 Woodward）做出简述。

II 此处以及关于阿波马托克斯的内容仍然参考 *The West Point Atlas of the American Wars* 一书。

第八章

I 引自尤利西斯 · S. 格兰特网站。

II 关于圣多明各岛败局的信息，McFeely 提供了最佳参考。

第九章

I 就利顿勋爵所说的越轨事件而言，相较本人，McFeely 所持立场稍显严肃，但他对格兰特环球之旅的评价极佳。

第十章

I 关于格兰特创作回忆录的信息，John Y. Simon 编辑，Mattew Arnold 著 *General Grant*（附马克 · 吐温答辩，Kent, Ohio：Kent State University Press，1995）一书是最好的参考。John Y. Simon 还主编了 *The Papers of Ulysses S. Grant* 这一意义非凡的作品，他还是当仁不让的格兰特研究泰斗。